LES AVENTURES D'IKE ARIS
« ENQUÊTEUR DU MYSTÈRE »

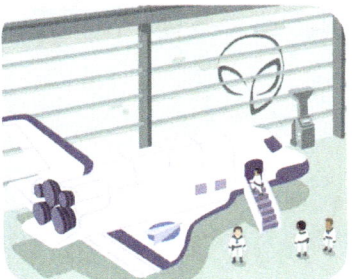

UFOLOGIE

Introduction

Par Ludovic Bonin

Dossier OVNI : États-Unis
La divulgation est-elle en cours ?

Divulgation (définition) : Porter à la connaissance d'un large public une information d'abord considérée comme étant ou devant, rester confidentielle.

« De nouvelles connaissances sur les phénomènes aériens non identifiés pourraient conduire à la découverte d'une technologie qui change le monde. Je ne sais pas pourquoi les choses sortent en ce moment, mais elles sortent, c'est un fait ! »
Stanton Friedman (ufologue reconnu pour sa participation en tant qu'enquêteur civil dans l'affaire du crash de Roswell)

Lorsque l'on parle de divulgation autour du phénomène ovni, il ne faut pas s'attendre à ce que le département de la défense américaine fasse une annonce tonitruante pour révéler que nous ne sommes pas seuls dans l'univers, ou qu'une forme d'intelligence non humaine s'est installée sur notre planète... Et quand bien même le gouvernement américain en aurait les preuves, pourquoi ferait-il cela ? Rien ne l'y oblige. Pourtant la politique de plusieurs bureaux gouvernementaux américains commence à changer (Department of Defense, CIA, Pentagone). Peut-être parce qu'ils sont de plus en plus confrontés à des objets volants non identifiés qui font la démonstration d'une technologie bien supérieure à la nôtre, et que si ces engins devenaient hostiles, les militaires ne pourraient sans doute pas faire grand-chose contre eux...

Depuis bientôt un an, depuis le 16 décembre 2017 pour être précis, les portes de la divulgation semblent bien s'être ouvertes aux États-Unis. C'est le résultat conjugué de plusieurs évènements qui est à l'origine d'un mouvement qui a démarré lentement, mais qui s'accélère de plus en plus. Tout a commencé par un article du *New York Times* qui a lancé l'affaire, le journal évoquait un programme secret au sein du gouvernement américain pour étudier les ovnis, alors que jusque-là, le « phénomène » n'était pas censé exister. Puis des rapports d'observation issus du Pentagone ont été divulgués la même semaine (avec des vidéos), et enfin du matériel inconnu (des métaux sans doute issus du crash d'un ovni) auraient été récupérés, puis confiés à un milliardaire atypique pour qu'il les étudie. Dans les semaines qui ont suivi, des militants (politiques, industriels, scientifiques) luttant pour la vérité se sont beaucoup impliqués pour devenir des acteurs clés de cette « divulgation » et ils ont amplifié un mouvement qui commençait à faire boule de neige au début de l'année 2018. Le 16 décembre 2017 peut donc être considéré comme le jour où la divulgation a été lancée officiellement aux États-Unis, même si par le passé de telles annonces n'ont pas été suivies de preuves et de faits concrets...

DOSSIER

Première partie

Le jour où la Terre comprendra…

16 décembre 2017 : Le *New York Times* met les pieds dans le plat.

Nous sommes quelques jours avant Noël 2017, les Américains sont plus préoccupés par leurs achats de cadeaux que par les potentiels ovnis qui parcourent le ciel. C'est dans ce contexte de fêtes de fin d'année que va sortir l'article du *New York Times* (NYT). En apparence, c'est un banal article de plus qui questionne sur les ovnis, mais cette fois-ci, le contenu va faire l'effet d'une bombe outre-Atlantique et par répercussion chez les ufologues du monde entier.

LE *NEW YORK TIMES* TITRE : « *LA VÉRITÉ EST AILLEURS, QUAND LE PENTAGONE ENQUÊTAIT SUR LES OVNIS* »
« *Quand le Pentagone enquêtait sur les ovnis* ». Pour bien comprendre ce titre, il nous faut faire un petit retour historique vers la fin des années 60. Officiellement, le gouvernement américain n'enquête plus sur le phénomène ovni depuis décembre 1969, date à laquelle il a mis fin au projet *Blue Book*, suite aux recommandations du *Comité d'enquête CONDON*. C'était l'enterrement en grande pompe de l'étude sur les ovnis…

Dans le film *Le Jour où la Terre s'arrêta* (Robert Wise, 1951) l'arrivée sur Terre de Klaatu, un extraterrestre d'apparence humaine, provoque l'hostilité des militaires. Réserverions-nous aujourd'hui le même accueil à des extraterrestres ?

UFOLOGIE

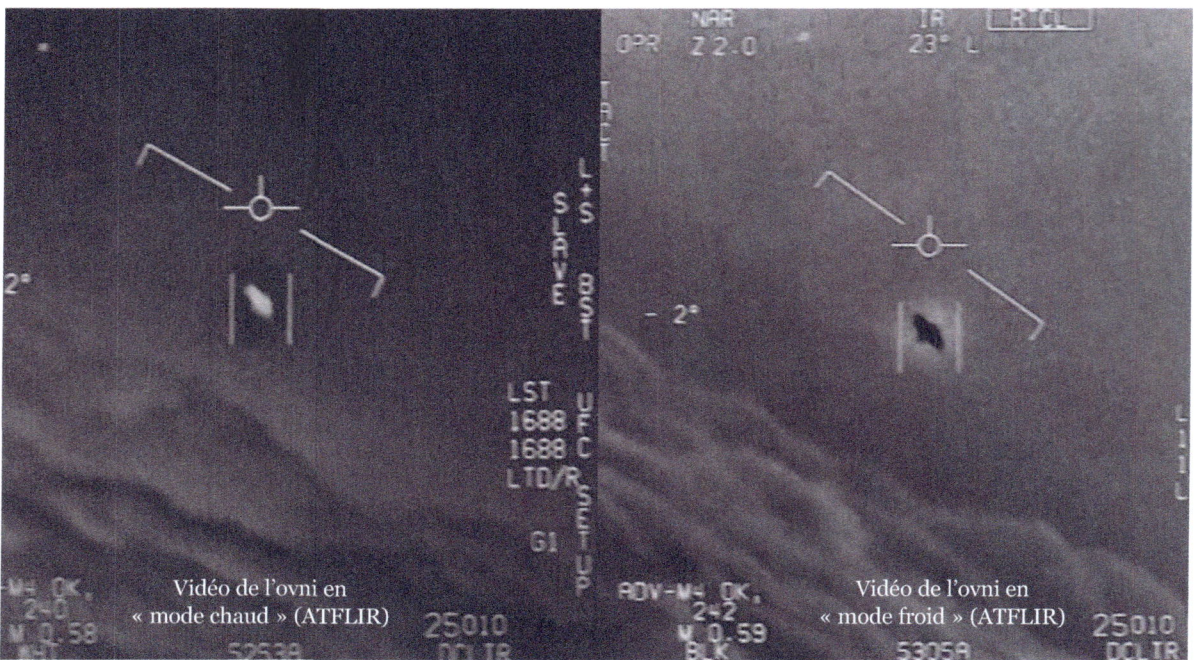

Vidéo de l'ovni en « mode chaud » (ATFLIR)

Vidéo de l'ovni en « mode froid » (ATFLIR)

Le programme avancé d'identification des menaces aérospatiales qui incluait les ovnis a été financé par le gouvernement américain entre 2007 et 2012. Pourquoi les États-Unis ont-il décidé fin 2017 de révéler l'existence de ce programme ? Ci-dessus les images de la vidéo de *L'incident du Nimitz* où à au moins deux reprises, des chasseurs F/A-18 C ont été guidés par le porte-avions pour intercepter des ovnis. Ils ont pu vérifier sur place les évolutions et performances des engins qui mesuraient environ 14 mètres de long et qui étaient blancs.

Le major Quantanilla, alors directeur du projet *Blue Book*, concluait ainsi le rapport : « *Chaque année, environ 30 seulement de tous les cas soumis à l'Air Force sont réellement inexpliqués et 676 seulement des 11 107 observations signalées depuis 1947 se rangent dans cette catégorie. Et il n'existe aucune preuve que les ovnis encore "inexpliqués" représentent des créations technologiques ou des principes situés au-delà de notre connaissance scientifique actuelle. Sur un panel de plus de onze mille affaires, 97 % ont été élucidées.* »
En conclusion, les États-Unis n'avaient plus besoin d'être impliqués dans ce domaine de recherche et les procédures standard de l'armée de l'air devaient désormais suffire pour traiter les « cas particuliers ». Officiellement donc, depuis les cinquante dernières années les ovnis n'existaient pas... Et voilà que d'un seul coup le *New York Times* annonce en une qu'il existait entre 2007 et 2012 un programme secret pour étudier les ovnis au sein du ministère de la Défense américain ! En fait, depuis la fermeture du projet *Blue Book*, le gouvernement américain n'a jamais abandonné son programme... Certes, il est aujourd'hui de nouveau officiellement fermé, mais l'essentiel n'est pas là, le Pentagone a menti. La boîte de Pandore vient d'être ouverte, le Pentagone vient de lâcher « le bout de gras » que tous les ufologues attendaient, et ils ne vont pas se priver pour médiatiser au maximum cet aveu.

LES USA TECHNOLOGIQUEMENT DÉPASSÉS ?
Pourquoi cette soudaine révélation ? Est-il possible que l'Amérique se trouve aujourd'hui inquiète et technologiquement dépassée face aux performances apparentes des ovnis ? Et que, comme au lendemain de la Seconde Guerre mondiale, le ministère de la Défense se trouve obligé de libérer quelques informations confidentielles dans le but de procéder à une divulgation partielle et programmée en prévention de manifestations plus importantes et incontrôlables d'ovnis ? Quoi qu'il en soit, cette information révélée par le *New York Times* en décembre 2017 va être immédiatement suivie de deux vidéos déclassifiées par le Pentagone et dans lesquelles l'agence gouvernementale admet officiellement que des avions de combat américains ont poursuivi et chassé des ovnis (voir image ci-dessus). Par cette action, c'est comme si le Pentagone disait au reste du monde : « *Nous sommes impuissants face à une telle technologie. Nous ignorons ce que c'est, ainsi que les conséquences que pourrait avoir la manifestation d'une civilisation extraterrestre.* » *A priori*, les responsables du Pentagone semblent suffisamment inquiets pour annoncer à demi-mot qu'ils n'ont en fait jamais cessé d'enquêter sur le phénomène ovni et qu'il est peut-être temps d'avouer au grand public qu'ils ont toujours traité ce phénomène avec le plus grand sérieux, et dans le cadre d'un modèle nécessitant des enquêtes poussées.

DOSSIER

UNE SITUATION QUI RESSEMBLE À CELLE QUI PRÉCÉDA LE 11 SEPTEMBRE 2001 ?

Alors que les rapports au sujet des ovnis s'accumulent sur les bureaux du Pentagone depuis des décennies, nous avons l'impression qu'il n'y a plus actuellement de procédure définie pour synthétiser toutes les observations remontées par les observateurs.
C'est comme si personne ne voulait être le « Mulder » de la bureaucratie et de la sécurité nationale des « affaires non classées ». Aucun général n'a sans doute envie d'être ridiculisé ou mis sur la touche pour avoir attiré l'attention sur le problème. Mais le discours commence à changer. La menace est peut-être là ?
Et même si le « phénomène » n'est pas hostile, certaines voix semblent de nouveau émerger pour dire qu'il faudrait tout de même s'en occuper sérieusement.
De haut en bas de la chaîne de commandement, quelques « lanceurs d'alertes » se demandent s'il ne faudrait pas passer à l'action. C'est une situation qui rappelle celle qui précéda le 11 septembre 2001, lorsque la CIA et le FBI avaient eu des informations sur les pirates de l'air, et qu'ils les avaient gardées pour eux, jugeant que la menace n'était ni crédible, ni fondée...
Et pourtant, cet évènement changea la face du monde.
Le plus souvent, masquer la vérité peut s'avérer un acte bénin, mais dans les faits, les conséquences de cette politique peuvent être désastreuses.

Le Pentagone a-t-il retenu la leçon ? A-t-il volontairement lâché un peu de « pression » sur un dossier qui pourrait s'avérer explosif s'il parvenait aux oreilles du grand public sans être minutieusement désamorcé ?

UN GOUVERNEMENT AMÉRICAIN COMPLICE OU DÉPASSÉ ?

Comme nous allons le voir, si l'origine des ovnis est sans doute un mystère pour les hauts dirigeants du Pentagone, il semble qu'ils disposent cependant de preuves que des engins non identifiés survolent régulièrement leur territoire.
Soit la présence de ces engins signifie que la Russie, la Chine ou une autre nation du monde cache une étonnante avancée technologique qui surpasse la technologie américaine (les récentes déclarations du président russe Vladimir Poutine sur leurs percées scientifiques en matière de propulsion avancée ne seraient peut-être pas que pures fanfaronnades), soit les pilotes de ces engins ne viennent pas vraiment de la Terre, et il faudrait alors comprendre d'urgence qui ils sont et d'où ils viennent...
Le Pentagone semble donc se trouver devant un dilemme. Dans le domaine du renseignemlent, son budget annuel avoisine les 50 milliards de dollars, l'argent n'est pas le problème, mais comment justifier

Les pilotes de F/A-18 C qui ont rencontré des véhicules aérospatiaux avancés à courte distance ont été autorisés à raconter leur histoire et à dire publiquement ce qu'ils avaient vu. Un fait extrêmement rare dans la Navy.

UFOLOGIE

le fait qu'une partie de ces dépenses est utilisée à examiner des « rencontres » et des observations d'ovnis ? C'est peut-être l'une des explications de la divulgation en cours, inciter le Congrès à allouer officiellement de grosses ressources d'argent à la recherche de nouvelles formes de propulsion qui pourraient permettre d'expliquer comment les ovnis atteignent une vitesse et une manœuvrabilité si extraordinaire. Ce serait cependant l'aveu d'une certaine impuissance face à des incidents qui impliquent la sécurité nationale...

DES MILITAIRES DE HAUT RANG PRÉOCCUPÉS PAR LA SÉCURITÉ NATIONALE PASSENT À L'ACTION

De plus en plus de militaires de haut rang semblent frustrés par la façon dont le département de la Défense gère les rapports sur les ovnis depuis des décennies. Pour comprendre l'action qu'il va mettre en place début 2018, il faut revenir au fameux article du *New York Times* qui évoquait fin 2017 un programme secret au sein du gouvernement américain pour étudier les ovnis. Cet article contenait deux points essentiels :
1) Que les programmes d'étude sur les ovnis n'avaient jamais vraiment cessé depuis 1969.
2) Que des pilotes de la Marine américaine avaient fait face à des ovnis lors d'une mission menée par le porte-avions Nimitz au large de la baie de San Diego en 2004.
Cette divulgation, aujourd'hui connue sous le nom de *L'incident de Nimitz* était accompagnée d'une série de vidéos dont la source était d'une fiabilité à toute épreuve, le Pentagone lui-même. Ces deux petites vidéos ont déclenché une incroyable chute de dominos, qui a abouti à la démission du responsable de la cellule du programme avancé d'identification des menaces aérospatiales, Luis Elizondo.

Cet agent du Pentagone travaillait justement avec deux de ses collègues sur le programme d'étude des ovnis révélé par le *New York Times* (entre 2007 et 2012). Luis Elizondo a en effet démissionné début octobre 2017, sous prétexte qu'il estimait que le Pentagone manquait d'assiduité dans son programme d'étude sur les ovnis et qu'il ne prenait pas assez au sérieux le phénomène ovni dans son ensemble. Dans sa lettre de démission adressée au secrétaire à la Défense, il se plaint par exemple d'oppositions internes à son travail de recherche, et de ce qu'il estime pourtant être *« une menace tactique sur nos pilotes, notre Marine et nos soldats, et qui pourrait être une menace existentielle à notre sécurité nationale »*.
Dès le lendemain de sa démission, il va rejoindre une start-up appelée To The Stars Academy (TTSA), qui cherche à réunir des fonds pour la recherche sur les ovnis (à la mi-mars 2018, la TTSA avait recueilli 2,5 millions de dollars auprès de quelques milliers d'investisseurs).
C'était le début d'une actualité intense qui a démarré au début de l'année 2018, au moment où Luis Elizondo va

L'espace est devenu le futur enjeu stratégique des militaires américain. D'après Luis Elizondo, une cellule existerait toujours au sein du Pentagone pour étudier les phénomènes aérospatiaux non identifiés.

Robert Bigelow est un industriel de Las Vegas très impliqué dans le programme spatial. Il affirme que les extraterrestres sont présents sur Terre. Il a tissé des liens très étroits avec le Pentagone et la NASA. Curieux mélange des genres !

devenir un militant important en faveur de la divulgation. Derrière lui, nous retrouverons un industriel très particulier, Robert Bigelow (voir page 12), qui a fait fortune dans les domaines hôtelier et immobilier. C'est le fondateur de Bigelow Aerospace, une entreprise high-tech qui travaille avec la NASA pour fournir des modules gonflables à la station spatiale internationale et aux futures habitations martiennes. C'est un homme très riche, qui a dépensé une partie de son immense fortune à chercher la vérité sur les extraterrestres. Il se dit aujourd'hui persuadé qu'ils vivent parmi les humains !

Dernier protagoniste important de cette histoire, Tom DeLonge (lauréat du titre de chercheur ovni de l'année 2017), qui est l'ancien chanteur et guitariste du groupe pop-punk *Blink-182*. Il est aujourd'hui reconverti à la tête de la start-up To The Star Academy.

LE PROGRAMME D'IDENTIFICATION DE MENACE AÉROSPATIALE AVANCÉE

Nous allons nous pencher dans le prochain chapitre sur les actions et les projets de Luis Elizondo et de Tom DeLonge, mais signalons d'ores et déjà les propos alarmistes prononcés par DeLonge au cours d'une interview radio diffusée sur internet : « *L'équipe de To The Star Academy devrait annoncer prochainement que nous avons des visiteurs extraterrestres, qu'ils sont parmi nous et qu'une collaboration avec eux est en place depuis 1947.*

Le Pentagone va bientôt publier un communiqué pour déclarer que l'affaire Roswell est réelle, et que du matériel a bien été récupéré ainsi que de la technologie qui a servi à développer du matériel pour le Pentagone. Les objets et métaux récupérés ont été confiés à une entreprise de Robert Bigelow. »

Quel crédit faut-il donner à ces déclarations de Tom DeLonge ? La reconnaissance officielle par le Pentagone de la réalité du crash de Roswell ferait l'effet d'une bombe au sein de la communauté ufologique, mais pas seulement, car ce serait également admettre que des visiteurs venus d'un « autre monde » nous observent et nous rendent régulièrement visite.

Nous parlons ici non seulement de civilisations extraterrestres, mais aussi de leur technologie et d'un éventuel échange de connaissances (Tom DeLonge affirme que le Pentagone a connaissance de technologies extraterrestres qui permettent des déplacements quasi instantanés entre deux points de l'espace). Nous voyons ici jusqu'où nous entraîne un tout petit encart publié dans le *New York Times* en décembre 2017…

Pour l'instant, aucune de ces « révélations » n'a été faite par le Pentagone. Tom DeLonge et Louis Elizondo sont-ils vraiment sérieux ? Quel est donc le but de cet étrange discours qui cherche à capter la couverture médiatique autour de ces deux hommes copieusement « arrosés » par les investisseurs privés qui vont financer leurs recherches au sein de l'association TTSA ? ∎

LES ACTEURS DE LA TTSA

Deuxième partie

« L'Académie des arts et des sciences vers les étoiles » (TTSA)
Les acteurs de la divulgation ?

« Je pense que nous sommes tous frustrés par le fait que notre gouvernement et notre science conventionnelle négligent certaines des questions les plus intéressantes. La TTSA représente une opportunité d'aller au-delà des frontières normales de l'aérospatiale, pour créer des produits que nous pouvons qualifier de révolutionnaires. »
Chris Mellon (conseiller scientifique de la TTSA)

Nous sommes le 11 octobre 2017 soit environ deux mois avant que le *New York Times* annonce que le Pentagone enquêtait sur les ovnis entre 2007 et 2012. Les ufologues américains attendent devant leur PC un évènement qui doit être diffusé en direct sur le site www.tothestarsacademy.com...

Une courte annonce vidéo avait lancé le buzz quelques semaines auparavant, et il se murmurait qu'un évènement important allait naître dans la communauté ufologique américaine... qui allait *« faire du bruit »* ! Lors de cette conférence en direct, Tom DeLonge, l'ancien chanteur et guitariste du groupe pop-punk *Blink-182*, reconverti depuis quelques années en ufologue, déclara officielle la naissance d'un « collectif » destiné à faire collaborer *« des chercheurs équipés des infrastructures et des ressources nécessaires pour transformer rapidement des idées novatrices en produits et services qui changeront le monde »*. Ainsi est née l'Académie des arts et des sciences, un consortium de scientifiques, d'ingénieurs et d'entrepreneurs aérospatiaux.

L'ACADÉMIE DES ARTS ET DES SCIENCES VERS LES ÉTOILES

La To The Stars Academy of Arts and Science (TTSA) se présente donc officiellement comme une société d'intérêt public avec des dirigeants à sa tête. Elle se déclare d'utilité publique et dit chercher à collaborer avec les citoyens du monde entier pour *« faire avancer la science et créer une communauté d'intérêts puissante »*.

C'est une démarche atypique dans le milieu de l'ufologie, car auparavant jamais une organisation ufologique ne s'était présentée comme une start-up souhaitant collecter des capitaux auprès d'investisseurs à la fois accrédités et non accrédités afin de travailler sur des technologies « exotiques ».

« Nous voulons aller au-delà des limites de la

DOSSIER

Concept de véhicule électromagnétique avancé que la TTSA souhaite fabriquer. Cet engin serait susceptible de modifier de manière significative nos moyens de transport terrestres, maritimes, aériens et spatiaux. Ce projet de véhicule révolutionnaire devrait être basé sur la technologie observée dans les phénomènes aériens non identifiés.

science et de la compréhension des phénomènes qui ont toujours été étouffés par l'idéologie dominante et les contraintes bureaucratiques. Nous pensons qu'il y a des découvertes à notre portée qui vont révolutionner l'expérience humaine, mais elles ne peuvent être accomplies que grâce au soutien illimité de la recherche et de l'innovation de pointe »*, a déclaré Tom DeLonge, le nouveau président à la direction de la société (voir photo page suivante).
Parmi les projets d'étude de la TTSA figure un véhicule électromagnétique avancé que Steve Justice, directeur de la division aérospatiale (et ancien directeur des systèmes avancés chez Lockheed Martin), décrit comme :
« *Un concept d'engin de transport révolutionnaire qui pourrait réduire considérablement les limites de distance et de temps actuelles. Cet engin s'inspire des capacités observées chez les ovnis et il utilisera un système de commande qui modifie la métrique spatio-temporelle.* » Tout un programme !
Et la TTSA assure qu'elle a des bases et des concepts technologiques qui permettraient, avec les fonds nécessaires, de réaliser ce véhicule. La start-up compte aussi dans ses rangs de hauts responsables du renseignement du ministère de la Défense et de la CIA, comme Christopher Mellon qui a été sous-secrétaire adjoint à la Défense dans les administrations de Clinton et de George W. Bush, ou encore le Dr Hal Puthoff, qui est conseiller de la NASA, du département du ministère de la Défense et du renseignement. Il a également travaillé à la NSA et plus de cinquante ans en tant que chercheur chez General Electric, Sperry et SRI International.
« *Nous avons mobilisé une équipe de scientifiques expérimentés, connectés, passionnés, curieux, pour décoder des informations susceptibles de remettre en cause les limites de nos théories actuelles, telles que l'étude des technologies PANI (phénomène aérien non identifié) et l'ingénierie des programmes noirs du gouvernement, pour introduire de profondes révolutions technologiques. Imaginez-vous avoir la science du XXVe siècle au cours de ce siècle* », a déclaré le Dr Hal Puthoff.
Pour finir avec les activités de la TTSA, nous soulignerons qu'elle envisage également de créer une filiale « divertissement » (Entertainment Division) détenue à 100 % par la filiale To The Stars Inc., qui sera une entreprise spécialisée dans la création de produits originaux destinés à *« éduquer et inspirer le grand public à la curiosité scientifique via le cinéma, la télévision, les livres, les projets musicaux et artistiques »*.
Quant à Tom DeLonge, il travaille aussi sur plusieurs

LES ACTEURS DE LA TTSA

Tom DeLonge assure que TTSA aura une structure transparente et que tous les financiers seront répertoriés sur son site web. Il a reçu de la part de la communauté ufologique américaine le prix *UFO Researcher of the year 2017*.

ouvrages d'une série appelée *Sekret machines*. Ces livres sont basés sur des entretiens avec des scientifiques, des ingénieurs, des officiers de renseignement et des responsables militaires pour les confronter à une réalité « solide » en rapport avec les observations d'ovnis et autres évènements liés. Fondamentalement, la TTSA affirme qu'ils seront des intermédiaires qui permettront à la communauté scientifique mondiale d'explorer des sujets qui étaient auparavant sous-exploités ou inexplorés, y compris la vie extraterrestre. En revendiquant le titre de « société d'utilité publique », ils promettent de servir le bien public et, en contrepartie, ils demandent au public d'investir dans la TTSA…

RETOUR SUR TOM DELONGE, UNE « PIÈCE MAÎTRESSE » AU SEIN DE LA TTSA

En octobre 2016, *WikiLeaks* a révélé que Tom DeLonge avait envoyé des courriels énigmatiques (sans doute au sujet des ovnis) à John Podesta, alors en charge de la campagne de la candidate à la présidentielle Hillary Clinton. Les courriels faisaient référence à la science du département de la défense américain et à l'affaire de Roswell.

D'après *WikiLeaks*, DeLonge aurait parlé de Roswell en ces termes : « *Roswell est une réalité. Après que le disque volant se soit écrasé, ils l'ont expédié au laboratoire de la base aérienne Wright Patterson. Le général McCasland était responsable de ce laboratoire jusqu'à il y a quelques années […].* » Le courriel n'est sans doute pas resté lettre morte, car le *New York Times* a écrit en 2016 qu'Hillary Clinton avait une « *connaissance inhabituelle des extraterrestres et qu'elle s'intéressait au sujet* ». L'article mentionnait également « *qu'elle voulait ouvrir les fichiers autant que possible, pour voir ce qu'ils contenaient* ».

LUIS ELIZONDO, UN HOMME AU CŒUR DU SECRET ?

Quant à Luis Elizondo, il a travaillé avec l'armée américaine, le département de la défense, le bureau national du contre-espionnage et le directeur du renseignement national. En tant qu'ancien directeur des programmes chargé d'enquêter sur les menaces aériennes non identifiées pour le bureau du secrétaire à la Défense, il est un peu au « cœur du secret ». Comme nous l'avons évoqué dans la première partie de ce dossier, Luis Elizondo a démissionné début octobre 2017, sous prétexte qu'il estimait que le Pentagone manquait d'intérêt dans son programme d'étude sur les ovnis et qu'il ne prenait pas assez au sérieux le phénomène « ovni » dans son ensemble.

« *Luis va nouer des partenariats très sensibles, pour nous protéger et développer la technologie que nous envisageons de produire* », a déclaré DeLonge à son sujet avant d'ajouter « *Il a démissionné de son poste au Department of Defense (DoD) la veille de notre rencontre. J'ai pu vérifier qui il était, et quelles étaient ses tâches au Pentagone.*

Je lui ai demandé si ces objets non identifiés [voir rapport Nimitz] étaient considérés comme des menaces, et il m'a répondu qu'ils n'avaient jamais manifesté d'hostilité envers nous, mais que quelque chose d'inexpliqué doit toujours être considéré comme une menace potentielle, jusqu'à ce nous soyons certains de ses intentions. »

Luis Elizondo a expliqué son travail au sein de la TTSA de la manière suivante : « *Je suis habitué à participer à des programmes impliquant la sécurité nationale, le contre-espionnage et les renseignements. Cependant, les dossiers les plus passionnants sur lesquels j'ai travaillé concernent les menaces aériennes avancées. Au Pentagone, je dirigeais un programme sensible d'identification des menaces aérospatiales axé sur les technologies aériennes non identifiées, à la TTSA, je travaillerai en tant qu'agent de liaison et interlocuteur dans la collecte de ces informations pour la division des sciences.* » ∎

DOSSIER

LES PRINCIPAUX ACTEURS DE L'ACADÉMIE DES ARTS ET DES SCIENCES VERS LES ÉTOILES

- **Luis Elizondo :** Ancien directeur du programme avancé d'identification des menaces aérospatiales et officier supérieur des renseignements au bureau du secrétaire à la Défense. Il a enquêté officiellement pendant quatre ans sur les menaces aériennes non identifiées. Il est directeur de la sécurité mondiale et des programmes spéciaux à la TTSA.
- **Tom DeLonge :** Président et CEO de la TTSA. Ancien membre du groupe de pop-rock *Blink-182*. Il a remporté le prix *UFO Researcher of the Year* en 2017.
- **Jim Semivan :** Cofondateur de la TTSA. Ancien membre du service de renseignement de la direction des Opérations de la CIA et consultant auprès du gouvernement des États-Unis sur les questions de sécurité nationale.
- **Dr Hal Puthoff :** Cofondateur de la TTSA. Physicien traitant de l'ingénierie de l'espace-temps et directeur de nombreux programmes de recherche classifiés de la NASA et du ministère de la Défense (DIA).
- **Steve Justice :** Après avoir été directeur des systèmes avancés chez Lockheed Martin Skunk Works, il est devenu directeur de la division aérospatiale de la TTSA.
- **Chris Mellon :** Investisseur privé qui est actuellement consultant auprès du gouvernement des États-Unis pour les questions de sécurité nationale. Il est conseiller scientifique de la TTSA.

Luis Elizondo   Tom DeLonge   Jim Semivan

Dr Hal Puthoff   Steve Justice   Chris Mellon

« Je pense que nous sommes arrivés au point où nous commençons à réaliser qu'il s'agit vraiment d'une manifestation et d'une technologie uniques qui dépasse tous les dirigeants du monde » (Luis Elizondo sur *MSNBC*).

AU CŒUR DU SECRET

Troisième partie

Robert Bigelow, « l'électron libre »

Présence extraterrestre : *« Le secret le plus controversé sur Terre. »*

« Si l'Amérique ne se prend pas rapidement la tête pour trouver des réponses à ces questions, d'autres le feront avant nous. »
Le sénateur Harry Reid

Retraité du Congrès américain depuis le début de l'année 2018 et proche de Robert Bigelow, le démocrate Harry Reid a confié au *New York Times* sa fierté d'avoir été à l'origine du programme TTSA : *« Nous n'avons pas les réponses, mais nous avons beaucoup d'éléments qui justifient nos questions. C'est une problématique scientifique et de sécurité nationale. »* Puis, en référence à la série *X-Files*, il a ajouté : *« Si la vérité est ailleurs, nous sommes prêts ! »*

Lors d'un show médiatique destiné à présenter la TTSA, Tom DeLonge a déclaré qu'il avait utilisé sa renommée pour rencontrer « les gardiens du secret » lors de « rencontres clandestines » dans des aéroports désertiques et des bâtiments vides de Washington. Certaines de ces personnalités du monde politique ou industriel étaient alors assises derrière lui, y compris le sénateur Harry Reid et Luis Elizondo, l'ancien officier de renseignement du Pentagone.

Sur scène, quand son tour est venu de parler, Luis Elizondo a déclaré : *« Le phénomène ovni est bien réel. J'ai supervisé le programme Advanced Aerospace Threat Identification (AATIP), créé discrètement en 2007 par le chef de la majorité sénatoriale de l'époque, Harry Reid. À l'époque, le milliardaire solitaire du Nevada Robert Bigelow était très impliqué dans ce dossier, et il a reçu une bonne partie*

L'équipe de la TTSA : DeLonge, Semivan, Elizondo, Justice, Puthoff, Mellon.

DOSSIER

Robert Bigelow. Son entreprise aéronautique a remporté un contrat de 22 millions de dollars en 2016 pour exécuter un programme de recherche secret en lien avec le Pentagone.

des 22 millions d'euros que le gouvernement a dépensés dans cette étude. »
Ici entre en scène un industriel important et très particulier, Robert Bigelow.

ROBERT BIGELOW, L'HOMME QUI MURMURE À L'OREILLE DES EXTRATERRESTRES ?

Robert Bigelow est un industriel américain qui a fait fortune grâce à ses activités immobilières, mais ce qui le caractérise le plus, c'est qu'il est fasciné par la recherche de la vie extraterrestre et les ovnis.
Pour lui, tout a commencé quand il était jeune garçon, lorsqu'il regardait le ciel du Nevada s'illuminer au-dessus de la déflagration des premières bombes atomiques. Puis, il fut fasciné par Neil Armstrong faisant ses premiers pas sur la Lune. Il rêvait de partir avec lui dans les étoiles. Cependant, c'est le récit de l'observation d'un ovni faite par ses grands-parents sur les bords d'un canyon à proximité de Las Vegas qui le marqua à jamais. Cet ovni était venu se placer juste au-dessus du pare-brise de leur voiture, avant de partir vers le ciel à une vitesse fulgurante.
À partir de ce jour, Robert Bigelow décida qu'il voulait coûte que coûte percer le secret de ces engins.
Et voici une dizaine d'années de cela, il a dépensé une petite fortune pour enquêter sur les ovnis et les phénomènes paranormaux aux États-Unis.
Aujourd'hui, il est devenu un puissant industriel, qui, à l'image d'Elon Musk, a connu un parcours éclair dans l'industrie spatiale avec sa société Bigelow Aerospace. Mais ce n'est pas tout, en 2016 il a bénéficié d'une grosse partie des fonds alloués au programme mené alors par Luis Elizondo au sein du Pentagone.
Voici un curieux mélange des genres… Un industriel passionné d'ovnis qui tente par tous les moyens de percer leur secret, et un ministère de la Défense qui lui alloue un gros contrat top secret pour étudier ces mêmes ovnis… (même si cela va sans doute dans le sens de l'histoire de la « nouvelle conquête spatiale » où la NASA et le Pentagone confient de plus en plus leurs investissements aux riches industriels privés qui aiment regarder vers les étoiles).
En cela, Bigelow est à l'image d'Elon Musk, le fondateur de SpaceX, qui souhaite coloniser Mars, Paul Allen, le cofondateur de Microsoft, qui ambitionne de faire des voyages interplanétaires à bas prix ou encore de Jeffrey P. Bezos, le PDG d'Amazon, qui envisage de déplacer notre industrie dans l'espace (voir notre dossier *Colonisation de Mars, la NASA passe le flambeau au secteur privé* dans *Ikaris* n°2).

AU CŒUR DU SECRET

LA NASA « PACTISE » AVEC R. BIGELOW

Le Pentagone n'est pas la seule institution américaine à signer des contrats avec l'industriel de Las Vegas. En effet, Robert Bigelow avait déjà remporté un deal avec la NASA pour travailler sur une technologie qui commence à changer la façon dont les humains vivent et travaille dans l'espace (Bigelow a investi près de 300 millions de dollars et 16 ans de travail pour mettre au point le module spatial Dragon).

Bigelow Aerospace travaille en effet sur des modules de vaisseau spatial extensibles. De grandes structures légères qui se déploient dans l'espace comme des ballons gonflables. La NASA semble tellement croire en la technologie de Robert Bigelow, qu'elle en oublie qu'il est une figure peu conventionnelle du monde aérospatial, obsédé par les extraterrestres et les ovnis. On en viendrait presque à se demander si Bigelow n'a pas été délibérément choisi pour accompagner le processus actuel de divulgation sur les ovnis, car cet homme se retrouve au cœur du processus.

Il côtoie le Pentagone, la NASA, de nombreux membres de la TTSA et dépense sa fortune personnelle pour connaître la vérité sur les extraterrestres !

VERS LE LEADERSHIP DU SECTEUR PRIVÉ DANS L'ESPACE

Robert Bigelow estime que le secteur aérospatial privé va devenir de plus en plus dominant dans le développement de la conquête spatiale. Et à partir du moment où le secteur privé aura la maîtrise de l'espace, si des « observations anormales » venaient à s'y produire, plus personne ne pourra les camoufler.

En fait, nous sommes déjà au cœur d'un processus de transparence qui pourrait se mettre en place autour de cette révolution spatiale.

Et nous pouvons en être certains, si Robert Bigelow découvre des informations capitales sur les ovnis, il les révélera immédiatement au monde entier. En effet, lorsqu'une journaliste de *CBS news* lui a posé cette

Un logo « alien » est dessiné au sommet d'un hangar appartenant à Bigelow Aerospace.

question « *croyez-vous aux extraterrestres ?* », il a immédiatement répondu : « *J'en suis absolument convaincu. Il y a eu et il y a une présence extraterrestre sur Terre. J'ai dépensé des millions et des millions pour le savoir. J'ai probablement dépensé plus en tant qu'individu que quiconque aux États-Unis n'en a jamais dépensé sur ce sujet. Je me fous de ce que les autres pensent de moi. Ça ne changera pas la réalité de ce que je sais, "ils" sont sous notre nez et le grand public doit le savoir.* » C'est tout de même étonnant de voir que la NASA ne semble pas se soucier de telles déclarations. En ce sens, Robert Bigelow rejoint les objectifs de la TTSA, qui sont de fournir un soutien positif pour une coopération avec le gouvernement, l'industrie aérospatiale et les travaux académiques. L'objectif étant de légitimer le sujet et d'intéresser le grand public à travers les médias et la presse.

CONCLUSION

Bien qu'aucun représentant de la TTSA ne revendique l'affiliation de Robert Bigelow à son équipe, les interactions et les informations croisées entre Bigelow et la TTSA sont indéniables. Alors qu'il était encore en poste au Pentagone, Luis Elizondo a tissé des relations très étroites avec Bigelow Aerospace. Si l'industriel est aussi voué à la recherche ufologique qu'il le dit, il pourrait bien prendre rapidement un poste important au sein de la TTSA...

Rendez-vous dans le prochain numéro pour la suite de ce dossier où nous reviendrons en détail sur l'incident du porte-avions *USS Nimitz*, la rencontre entre un chasseur F/A-18C et un engin sous-marin géant, le mystère autour de matériaux prétendument issus d'un crash d'ovni et récupérés par le Pentagone, et enfin une synthèse sur les impacts et les conséquences d'une divulgation américaine au sujet de la présence extraterrestre ! À suivre... ∎

Le module gonflable extensible de Robert Bigelow arrimé à la station spatiale internationale.

Le magazine IKARIS est partenaire du WebMedia :

nuréa.TV
Les pieds sur terre...
La tête dans les étoiles !

**Considérons la réalité et les mystères qui nous entourent comme un immense puzzle ! Notre objectif est de nous interroger et de mettre en lumière toutes les pièces qui le composent afin que chacun puisse les assembler à sa guise et ainsi construire sa propre vérité, au-delà des frontières de l'inconnu et de l'inexpliqué.
Sur Nuréa TV, nous partageons avec vous en accès libre des émissions, des podcasts audio, des minividéos, des conférences et des témoignages sur des thématiques aussi variées que l'ufologie, l'histoire et l'archéologie, le paranormal, les mystères et légendes, l'intuition et le 7e sens, l'univers, la science ou encore la cryptozoologie.
Rejoignez-nous dans cette formidable aventure, soyez curieux au-delà du raisonnable et cheminez à nos côtés en quête de VOTRE vérité !**

www.nurea.tv

UFOLOGIE

Dossier OVNI : États-Unis
La divulgation est-elle en cours ?

> « *Cet objet volant n'émettait aucune fumée, n'avait ni aile ni rotor, et larguait complètement nos F-18. Je n'ai aucune idée de ce que j'ai vu… Mais je veux bien en piloter un !* »
> Cdt. David Fravor (groupe aéronaval Carrier Strike de l'US Navy)

Nous allons revenir dans cette seconde partie sur les évènements et les vidéos militaires américaines qui ont fait l'objet d'un processus officiel de déclassification du gouvernement des États-Unis en décembre 2017. Cet évènement a fait l'objet d'un rapport officiel nommé « L'incident du Nimitz » qui était alors accompagné de documents détaillés et de témoignages autorisés issus de plusieurs pilotes de chasse sur F/A-18 C Super Hornet de l'US Navy. En effet, lors d'un exercice au large de San Diego en 2014, quatre pilotes ont fait une rencontre visuelle avec des ovnis qui a été confirmée par radar. Les faits et les informations sur ce cas sont donc originaux et garantis authentiques (cas rare en ufologie).

Une telle divulgation de la part du gouvernement des États-Unis est une chose exceptionnelle. Comme nous l'avons vu dans le numéro précédent, l'étude de ces dossiers était assurée, entre 2007 et 2012, par l'agent du gouvernement Luis Elizondo et entrait dans le cadre du programme d'identification avancée des menaces aérospatiales. Depuis, Elizondo a démissionné de son poste pour rejoindre le mouvement de divulgation citoyen sur la « présence extraterrestre » sur Terre baptisé la To The Star Academy (TTSA).

LE PROCESSUS DE DIVULGATION

D'après Tom Delonge, président et CEO de la TTSA, ce n'est que le début d'un processus de divulgation qui est en cours aux États-Unis et selon lui d'autres vidéos déclassifiées vont suivre, qui donneront des confirmations supplémentaires à propos de la présence extraterrestre sur Terre.

Plus proche de nous, au Royaume-Uni, c'est « un plan d'urgence en cas de contact avec des extraterrestres » que souhaite instaurer Nick Pope, un expert dans le domaine ufologique qui a travaillé pour le ministère de la Défense (MoD) entre 1985 et 2006.

Le 26 septembre 2018, il a déclaré dans le journal anglais qui l'interviewait : « *Il faut instaurer un plan d'urgence en cas de contact avec des extraterrestres. Le monde est incroyablement mal préparé à l'éventualité d'un contact. Cette rencontre a d'ailleurs déjà commencé et le gouvernement doit mettre en place un plan à déployer le jour où les humains découvriront la preuve de cette vie extraterrestre. Le jour où nous aurons des corps extraterrestres face à*

Selon Luis Elizondo, le gouvernement doit présumer que les ovnis sont une menace jusqu'à preuve du contraire.

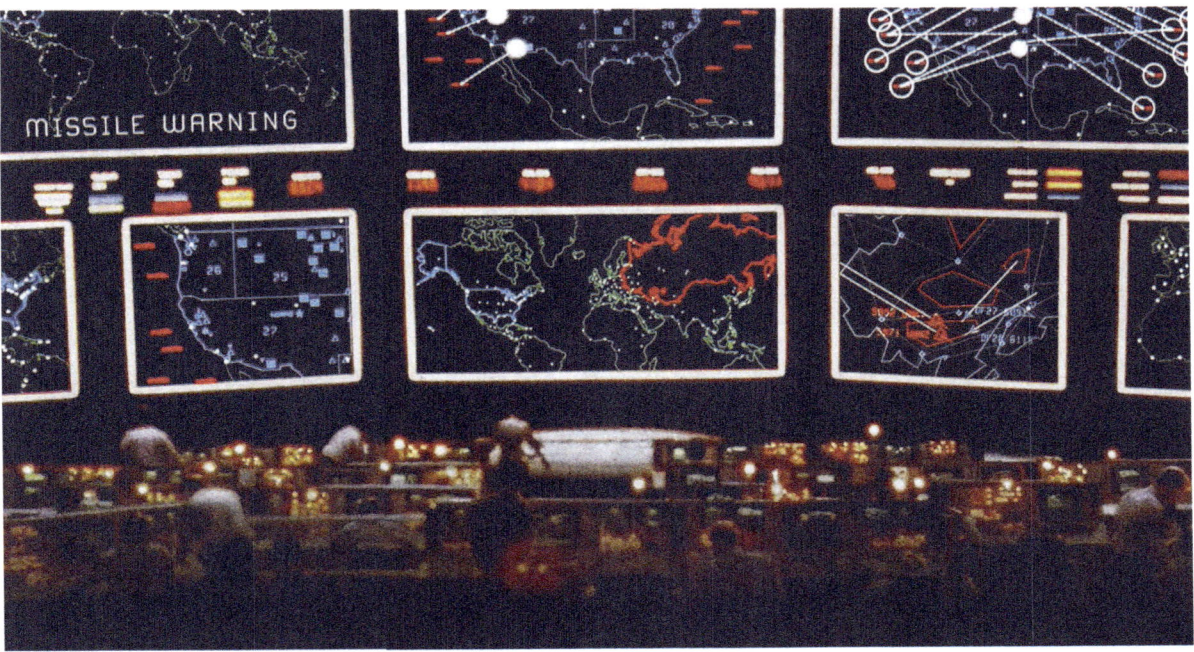

nous, ce sera autre chose que les éventuels microbes découverts sur Mars ou la détection de signaux radio supposés issus d'une civilisation éloignée. Il faut passer aux choses sérieuses maintenant, prévoir un "plan stratégique de haut niveau" pour nous préparer. Nos gouvernements sont si préoccupés par leurs affaires courantes qu'ils ont laissé nos défenses grandes ouvertes. La préparation à cette "rencontre" va être un bouleversement de grande ampleur, car compte tenu de nombreux problèmes sociaux que nous avons, il est toujours difficile de convaincre les gens de dépenser de l'argent pour ce que beaucoup considèrent comme des projets inutiles et coûteux. La plus grande menace sur notre société est ce manque de préparation sur la possibilité d'une violente entrée en contact avec une forme de vie extraterrestre. Les gouvernements mondiaux commettent une "grosse erreur" en ignorant totalement cette éventualité. »

QUE SAVENT LES GOUVERNEMENTS ?

Le gouvernement américain essaie-t-il de nous cacher des secrets technologiques issus de crashs d'ovnis comme le suggèrent de nombreux ufologues ou est-il totalement démuni face à ces manifestations ?
Est-il capable de reproduire ces technologies dans des « programmes noirs » comme celui de l'avion TR3-B dont la rumeur fait écho depuis des dizaines d'années, ou laisse-t-il volontairement se propager de fausses informations pour faire en sorte que « leurs ennemis » restent dans le brouillard ambiant ? Parmi les ufologues, il y a deux clans, ceux qui pensent que la technologie extraterrestre est connue et étudiée au plus haut niveau, et ceux qui pensent que le gouvernement américain « observe » depuis longtemps la présence extraterrestre, mais qu'ils n'a jamais été en mesure de comprendre et de la reproduire cette technologie en raison de sa complexité. Quant à la TTSA, elle affirme qu'elle dispose de nombreux échantillons de métaux (dont un en magnésium-zinc-bismuth, une composition qui n'a pas de précédent sur Terre) d'origine extraterrestre et que d'autres ont été confiés au milliardaire Robert Bigelow dans le plus grand secret.

Ce qui est compliqué... très compliqué, c'est que toutes ces sources ne peuvent pas être vérifiées, car elles font partie de ces informations qui sont exemptées de la FOIA (la loi d'accès à l'information signée le 4 juillet 1966 par le président Lyndon B. Johnson obligeant les agences fédérales à transmettre leurs documents à quiconque en fait la demande, quelle que soit sa nationalité). Officiellement, si ces matériaux n'existent pas, personne n'est donc en mesure de formuler une demande pour réclamer des informations sur leur nature et leur origine. Tout ceci est comme toujours très complexe, mais nous allons essayer d'en savoir un peu plus à travers ce dossier...

Dans la première partie, nous allons revenir en détail sur le témoignage des pilotes qui ont fait une rencontre rapprochée avec des objets de type UAV (unidentified aerial vehicle) en forme de bonbon « Tic-Tac » blancs au large de San Diego en 2004. Ces militaires ont fait face à des engins non identifiés qui décrivaient des mouvements rotatifs et qui évoluaient à grande vitesse sous l'œil des caméras infrarouges et des radars des chasseurs américains. On rappellera que ces pilotes sont formés pour faire face à toutes sortes de situations au cours de leur carrière et ils privilégieront toujours les explications les plus rationnelles et les plus simples lorsqu'ils font face à des évènements inexpliqués (ils sont capables de différencier un MiG-25 d'un MiG-29 à plusieurs kilomètres de leur position).

NIMITZ, RETOUR VERS L'ENFER

L'incident de l'USS Nimitz et le « rendez-vous manqué » avec un engin sous-marin géant

« Ces choses sont réelles. Ces choses sont là dehors. Elles sont là depuis longtemps. Elles ne proviennent pas de notre gouvernement ou d'un autre gouvernement dans le monde. Ce sont des choses que nous devons explorer. Nous devons nous unir pour comprendre de quoi il s'agit, au cas où elles viendraient à surgir rapidement à la surface de la Terre. »
Rapport de l'*Air material command* - 1947.

Revenons maintenant à cette fameuse « rencontre » révélée le 16 décembre 2017 par le *New York Times* et le *Washington Post* et connue sous le nom d'*Incident du Nimitz*. Cet évènement, qui s'est déroulé en 2004, impliquait plusieurs ovnis blancs (en forme de bonbons « Tic-Tac ») qui effectuaient des mouvements rapides au-dessus de l'océan. Ces ovnis, appelés VAA (véhicules aériens anormaux) dans le rapport du Pentagone, furent poursuivis par deux chasseurs de type F/A-18 C de la marine américaine. Avant d'aborder en détail ce dossier, nous rappellerons qu'il fait partie intégrante du programme secret sur lequel le Pentagone et le ministère américain de la Défense ont travaillé entre 2007 et 2012. Cette cellule d'enquête était appelée l'Advanced Aviation Threat Identification Program et Luis Elizondo, qui en était directeur, a démissionné depuis pour rejoindre la TTSA.

Les ovnis qui apparaissent soudainement à une altitude de 24 000 mètres vont piquer vers la mer avant de stopper net leur mouvement à 6 000 m. Ils remonteront ensuite à grande vitesse avant de disparaître dans le ciel.

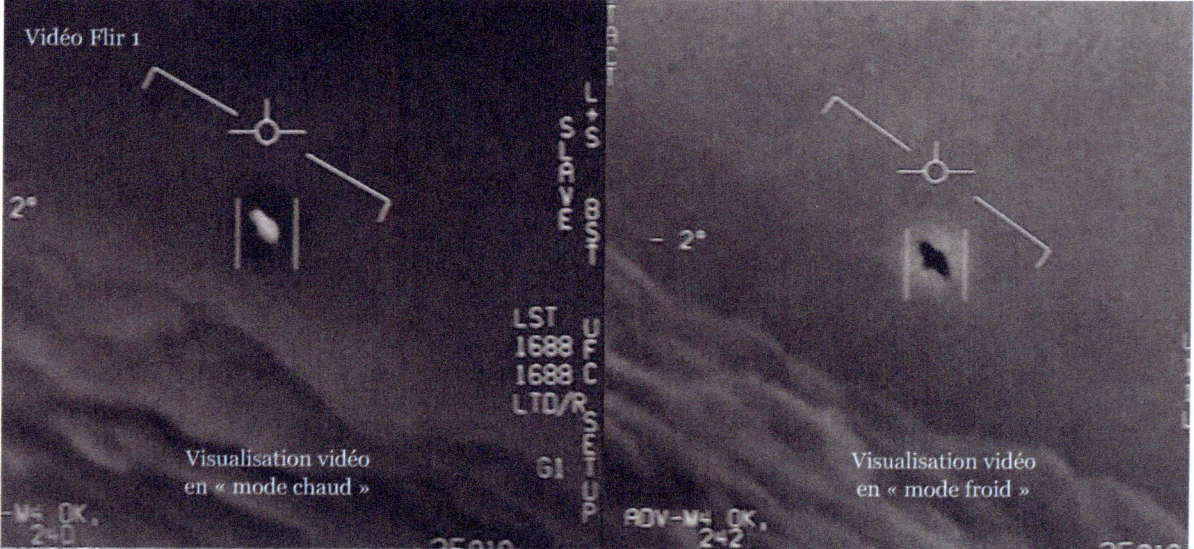

DOSSIER

La vidéo infrarouge FLIR 1 a fait sensation quand elle a été publiée l'an dernier, au moment même où le New York Times rapportait l'existence d'un programme d'étude secret du Pentagone. C'est le fleuron de la marine américaine qui a été confronté à ces objets volants non identifiés.

NIMITZ « RETOUR VERS L'ENFER »

Décembre 2017, le département de la défense américaine déclassifie un dossier et deux vidéos officielles, dont une tournée en novembre 2014 qui relate la « rencontre » entre des chasseurs de type F/A-18C américains et des aéronefs non identifiés. Le rapport du Pentagone sur cet incident a été rédigé en 2009 par Luis Elizondo et ses collègues. Nous pouvons y lire en détail les interactions multiples entre des ovnis et des avions de chasse qui se sont déroulées le 14 novembre 2004 aux alentours de 12 h 30.

Le rapport mentionne les accélérations à grande vitesse des ovnis et leurs capacités avancées d'évitement qui leur ont permis d'échapper à la poursuite de deux avions de chasse pilotés par le commandant David Fravor (assisté de son officier des systèmes d'armes au siège arrière) et le lieutenant Jim Slaight, également assisté de son copilote. Ces pilotes étaient membres du groupe aéronaval Carrier Strike Group 11 rattaché à la troisième flotte des États-Unis (déployée pour une saison d'entraînement dans l'océan Pacifique).

La vidéo intitulée *FLIR 1* montre l'écran embarqué d'un chasseur F/A-18 qui cherche à verrouiller une cible sans y parvenir. On observe parfaitement bien l'ovni (une tache blanche) grâce à la caméra infrarouge (ATFLIR) au moment où il évolue à vitesse lente ou lorsqu'il est arrêté, mais le pilote semble incapable de poursuivre l'engin quand il initie des manœuvres d'évitement.

RÉSUMÉ DU *RAPPORT NIMITZ* PUBLIÉ PAR LE PENTAGONE

Entre le 10 et le 16 novembre 2004, le porte-avions Nimitz, un navire de guerre de cinq milliards de dollars avec un équipage de plusieurs milliers de personnes, opère au large de la côte ouest des États-Unis. Il est escorté pendant cette mission par L'USS Princeton, un croiseur de missiles guidés munis d'un radar naval avancé qui utilise le système de défense aérienne naval le plus sophistiqué au monde.

Depuis dix jours, l'USS Princeton avait repéré à plusieurs reprises des aéronefs non identifiés opérant dans et autour du groupement tactique du porte-avions Nimitz. Puis le 14 novembre, au moins un véhicule aérien anormal (VAA) avec une faible surface équivalente de réflexion au radar est détecté au-dessus de l'océan. Ce jour-là, le temps est agréable, le ciel est bleu et sans nuages. La visibilité est excellente. Le VAA n'a pas de transpondeur et il ne répond pas aux appels radio. Alors qu'il est en exercice, le commandant David Fravor reçoit un appel radio du contrôleur aérien du Princeton qui lui demande de se rendre immédiatement sur le site où a été détecté le VAA. Ce n'est pas une demande standard et l'exercice en cours prend immédiatement fin. De plus, le contrôleur demande au pilote s'il a des munitions à bord, une question qui n'est pas habituelle. Le pilote répond qu'il n'en a pas et il se dirige ensuite vers la zone signalée.

NIMITZ, RETOUR VERS L'ENFER

Lorsque l'équipage arrive sur place à une altitude de 7 500 mètres, il observe alors un ovni en forme d'œuf allongé qui descend à une vitesse vertigineuse de 18 000 à 100 mètres au-dessus de la surface de l'océan.

Le commandant Fravor tourne alors au-dessus de la zone pour obtenir une vue plongeante. La mer est calme et pourtant le pilote voit « une forme ovale » juste sous la surface de l'eau qui provoque des remous importants. Quelque chose de la taille d'un terrain de football est camouflé là, et le commandant Fravor a l'impression que cet engin s'enfonce doucement, comme un sous-marin qui initie une plongée. Bien qu'il n'ait jamais eu de contact visuel direct avec ce qui provoque cette perturbation, le pilote indiquera plus tard dans son rapport qu'elle pouvait avoir été causée par un engin qui n'était pas visible en raison d'une technologie de camouflage : « *La surface de l'eau ressemblait aux vagues mousseuses d'un jacuzzi géant, comme si l'eau bouillait. Comme si une île à peine submergée s'enfonçait lentement dans la mer.* » On notera d'ailleurs qu'un sous-marin de la marine américaine qui était à proximité n'a rien détecté d'inhabituel sous l'eau. Quelques secondes plus tard, les militaires aperçoivent un autre objet particulièrement inhabituel animé de mouvements rapides et erratiques (de droite à gauche et d'avant en arrière) qui manœuvre au-dessus des flots, comme s'il observait ou cherchait quelque chose.

Le commandant Fravor poursuit alors cet engin pendant que l'autre avion qui l'accompagne reste en retrait et reprend de l'altitude. L'ovni adopte alors un comportement d'évitement tout en démontrant des capacités aérodynamiques d'accélérations et de propulsions déconcertantes. Il vient ensuite se placer juste derrière le F/A-18F qui effectue alors une manœuvre d'évitement pour se dégager.

Fravor décide ensuite de changer de tactique et, dans un plongeon vertical rapide, il engage une manœuvre plus agressive en pointant le nez de son chasseur directement sur son objectif, afin d'effectuer une ressource tactique sous l'objet. Dans le même temps, le F/A-18F filme toute la séquence via une caméra infrarouge de type ATFLIR et le radar essaye de verrouiller cette cible d'environ 14 mètres de longueur sans y parvenir. Puis soudain, l'ovni vire rapidement vers la gauche avant de disparaître quasi instantanément en compagnie des autres VAA qui étaient également présents sur la zone. Craignant pour leur sécurité et à court de carburant, les équipages des F/A-18F rentrent alors sur le porte-avions Nimitz. Fravor et Slaight décriront plus tard l'objet solide comme un grand « Tic-Tac » blanc brillant de 10 à 15 mètres de long, entièrement lisse, sans verrière ni hublots, sans aile ni empennage, sans système de propulsion visible, sans émission de fumée de combustion ou de traînée de condensation…

Le VAA (véhicule aérien anormal) est décrit comme un œuf allongé avec un axe horizontal médian. Il se déplace contre le vent, et de temps en temps, quand il est en position stationnaire, il effectue quelques rotations sur lui-même.

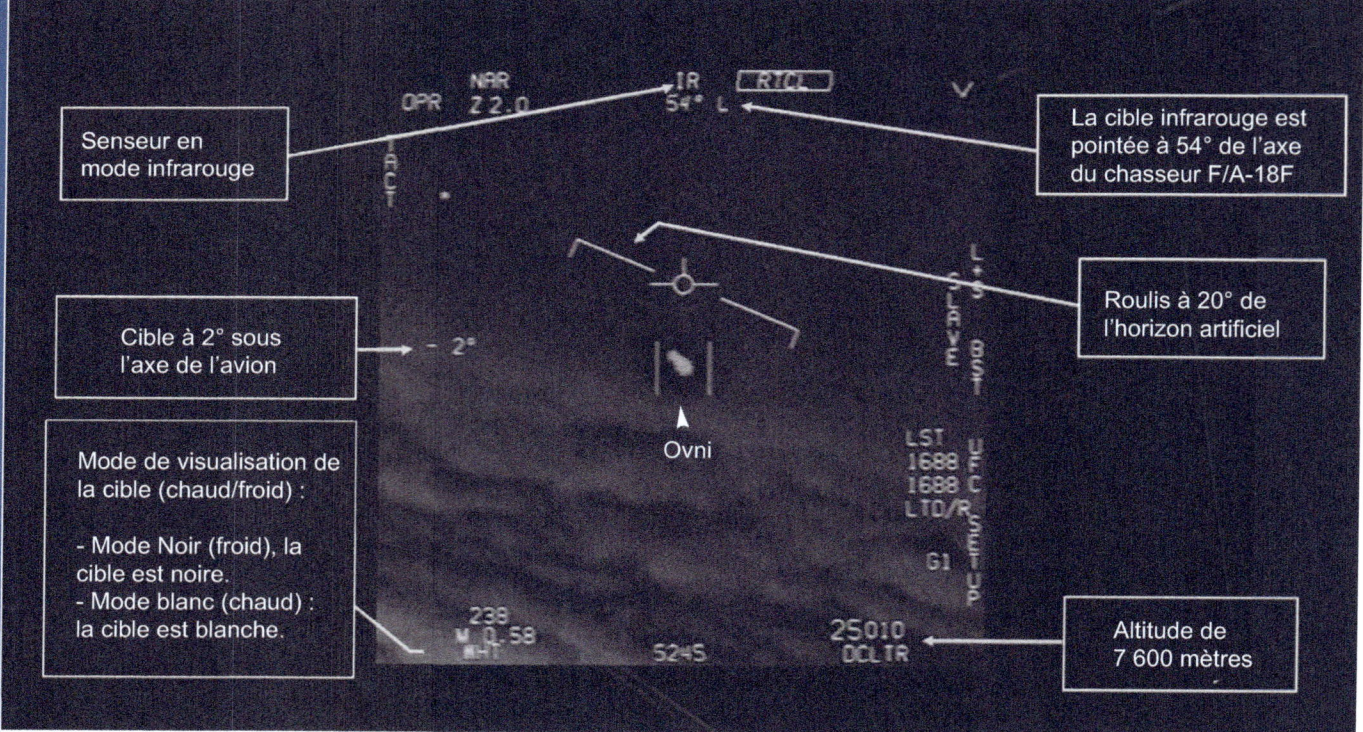

DOSSIER

Illustration du film *Battleship*

Illustration cinématographique d'un objet aquatique sous-marin émergeant de l'eau (OANI). Le récit du pilote pourrait nous faire penser à cette scène de *Battleship* (film de science-fiction américain de 2012 réalisé par Peter Berg).

Pour conclure, le rapport du Pentagone souligne que si un engin se trouvait sous la surface de l'eau, *« il était doté d'une technologie très avancée et devait accompagner les ovnis. Aucun des capteurs hyper sophistiqués des bâtiments alentour n'ont détecté la présence de "l'objet aquatique", qui a priori n'étaient pas "quelque chose" qui appartenait aux États-Unis. Il était si avancé qu'il a rendu les capacités américaines inefficaces »*.

CONCLUSION DU RAPPORT NIMITZ

Comme nous pouvons le lire dans la conclusion du *Rapport Nimitz*, cette rencontre est très particulière et elle est retranscrite ci-dessus à l'aide de documents déclassifiés du Pentagone lui-même.
À première vue, ce n'est qu'une « rencontre particulière de plus » parmi des centaines d'autres qui se sont déroulées depuis des décennies au-dessus du continent américain (ou des océans) entre des avions et des ovnis (ou des objets aquatiques non identifiés), mais ce qui rend ce cas unique, c'est qu'il a été enquêté dans une période de l'histoire où officiellement, après la fin du programme *Blue Book*, le Pentagone n'étudiait plus les « véhicules aériens anormaux ». Dans les faits, non seulement ils les étudient encore, mais en plus ces ovnis semblent toujours avoir des performances très supérieures à tout ce que possèdent les États-Unis ou leurs alliés.
Mais pourquoi déclassifier maintenant ce dossier alors que l'incident date de 2004 ? Sommes-nous à l'aube d'un processus de révélation inexorable au moment où le secteur privé va étendre sa domination dans l'espace ? Et que penser des industriels comme Robert Bigelow qui affirment que des extraterrestres sont parmi nous ?
Quoi qu'il en soit, des VAA sont capables d'évoluer dans les airs aussi bien que sous l'eau, où ils ne sont pas détectables par les capteurs les plus avancés des sous-marins et navires américains. Ils présentent aussi des caractéristiques de camouflage et de furtivité qui leur permettent de passer inaperçus aux « oreilles » des radars américains. Gardons à l'esprit que les aviateurs de la marine américaine sont les meilleurs observateurs qui soient. Tous ont des habilitations top secret. Tous sont testés sur la drogue, sont d'ardents patriotes, ont une excellente vision et sont des as de l'aéronautique...
De quoi en effet rouvrir d'urgence le dossier des « affaires non classées » et préparer lentement mais sûrement le grand public au fait qu'il existe « peut-être » une menace pour la sécurité nationale des États-Unis. Une menace qui serait comparable, voire bien supérieure, à celle du terrorisme combattu par la CIA et le FBI ! ■

DES PREUVES ?

Mystère autour de matériaux prétendument issus d'un crash d'ovni
Le matériel stocké par le Pentagone ne viendrait pas de notre planète...

« Ma conviction personnelle est qu'il existe des preuves très convaincantes que nous ne sommes pas seuls . » Luis Elizondo

À la suite de la révélation de l'existence du programme avancé d'identification des menaces aérospatiales (AATIP) faite par le département de la défense (DoD), certaines rumeurs relayées par le *New York Times* ont circulé au début de l'année 2018, alléguant que le Pentagone avait récupéré des « alliages inconnus » supposés provenir d'un ovni qui s'était crashé sur le territoire américain.

UN ALLIAGE DONT LES PROPRIÉTÉS SERAIENT INCONNUES DE LA SCIENCE
En effet, un rapport secret contenant des analyses de métal ferait partie des informations fournies par le Pentagone en même temps que les deux vidéos du dossier Nimitz. Mais si les vidéos ont bien été déclassifiées, rien ne prouve que ce rapport existe réellement. Cependant, Luis Elizondo aurait confié à Alejandro Rojas (journaliste du paranormal), hôte de l'*UFO Congress 2018* de Phoenix (la plus grande

IKARIS

Roswell n'en fini plus de semer le doute. En 2012, un agent de la CIA avait déclaré avoir découvert un dossier secret sur le crash qui confirmait que des débris avaient été découverts sur le secteur en 1947. Si le projet ADAM (voir page suivante) ne précise pas que les métamatériaux sont issus de ce crash, c'est pourtant l'hypothèse la plus crédible.

conférence sur les ovnis au monde), qu'il était parfaitement au courant de l'existence de ce métal. Lorsque son tour de parole est venu lors de l'*UFO Congress*, M. Rojas est monté sur scène et a déclaré : *« Je peux vous dire que ce n'est pas un alliage ordinaire, comme le proclame le New York Times. Luis Elizondo m'a confié que c'était un métamatériau avec des valeurs isotopiques étranges indiquant qu'il ne provenait pas de la Terre. »*
Puis lorsque Luis Elizondo a pris la parole derrière M. Rojas, il a ajouté : *« La question est de savoir si ces métaux viennent de l'espace profond, de la Terre ou de quelque part entre les deux. Les données que nous avons observées sont si avancées, qu'il nous est assez difficile de les interpréter avec notre compréhension actuelle de la mécanique quantique. Mais je crois qu'il est très improbable que ces métaux viennent de la Terre. »*
Après cette conférence, aucune image des métaux allégués n'a fait surface et aucun détail sur l'endroit où ils ont été trouvés n'a été communiqué par la TTSA, le Pentagone ou le gouvernement.
En revanche, l'article du *New York Times* reprenait une autre rumeur selon laquelle des hangars de Bigelow industries avaient été spécialement conçus et aménagés pour conserver les mystérieux métamatériaux...
Quand des journalistes ont demandé à M. Rojas pourquoi il n'y avait pas eu de rapport officiel publié sur ces métaux ou des détails supplémentaires, il a répondu : *« Je sais que Luis Elizondo est sincère et bien que certains ufologues estiment que nous devrions nous méfier d'un ancien membre du gouvernement ayant des liens avec la CIA, je crois que ses révélations sont sincères, et le fait qu'il accepte de les partager est extraordinaire. Nick Pope, qui occupait une position similaire à celle de M. Elizondo au ministère britannique de la Défense a eu la même démarche. Nick a été un atout indéniable dans la recherche sur les ovnis et je pense que Luis va être tout aussi précieux. »*

DES PREUVES ?

LE GROUPE SETI DEMANDE DES PREUVES

Lorsque quelques experts du SETI (institut de recherche extraterrestre) ont lu l'article du *New York Times*, ils ont examiné les allégations stupéfiantes à propos de ces métaux d'origine inconnue. Seth Shostak, un astronome du SETI, a déclaré :
« Plus de détails doivent être donnés sur le matériel, sur son lieu et ses conditions de stockage. Et pourquoi le gouvernement donnerait-il le matériel à l'entrepreneur Robert Bigelow, pourquoi pas à des experts scientifiques en physique de l'atmosphère ou même en aviation ? Les Américains réclament des preuves physiques depuis des décennies, alors si ces preuves sont empilées dans un bâtiment à Las Vegas, ouvrons-en les portes ! Pour l'instant, ce n'est rien de plus qu'une promesse d'artefacts exotiques dans les tuyaux... » À l'heure actuelle, ni Robert Bigelow ni Luis Elizondo ne veulent en dire plus sur ces métamatériaux soi-disant récupérés sur des épaves d'ovnis...

LE LANCEMENT DU PROJET ADAM

Nous aurions pu en rester là, mais le 26 juillet 2018, la TTSA a annoncé l'ouverture d'un nouveau projet de recherche baptisé ADAM (pour Acquisition et Analyse des Données de Matériaux).
C'est de nouveau Luis Elizondo qui a annoncé la création du projet ADAM lors d'une conférence :
« De temps en temps, diverses sources ont recueilli des échantillons de matériaux provenant de véhicules aérospatiaux avancés d'origine inconnue. Ces sources comprennent des organisations gouvernementales, des comités d'enquête aérospatiaux, des exploitants aérospatiaux et des particuliers. Lorsque ces matériaux sont mis en lumière, ils doivent pouvoir être analysés et inspectés. Compte tenu de l'importance potentielle de ces découvertes, la TTSA va ouvrir un département qui mettra en place les infrastructures nécessaires pour soumettre ces matériels à une évaluation scientifique détaillée et rigoureuse.

Luis Elizondo annonce la création du projet ADAM pour étudier des métamatériaux « extraterrestres ».

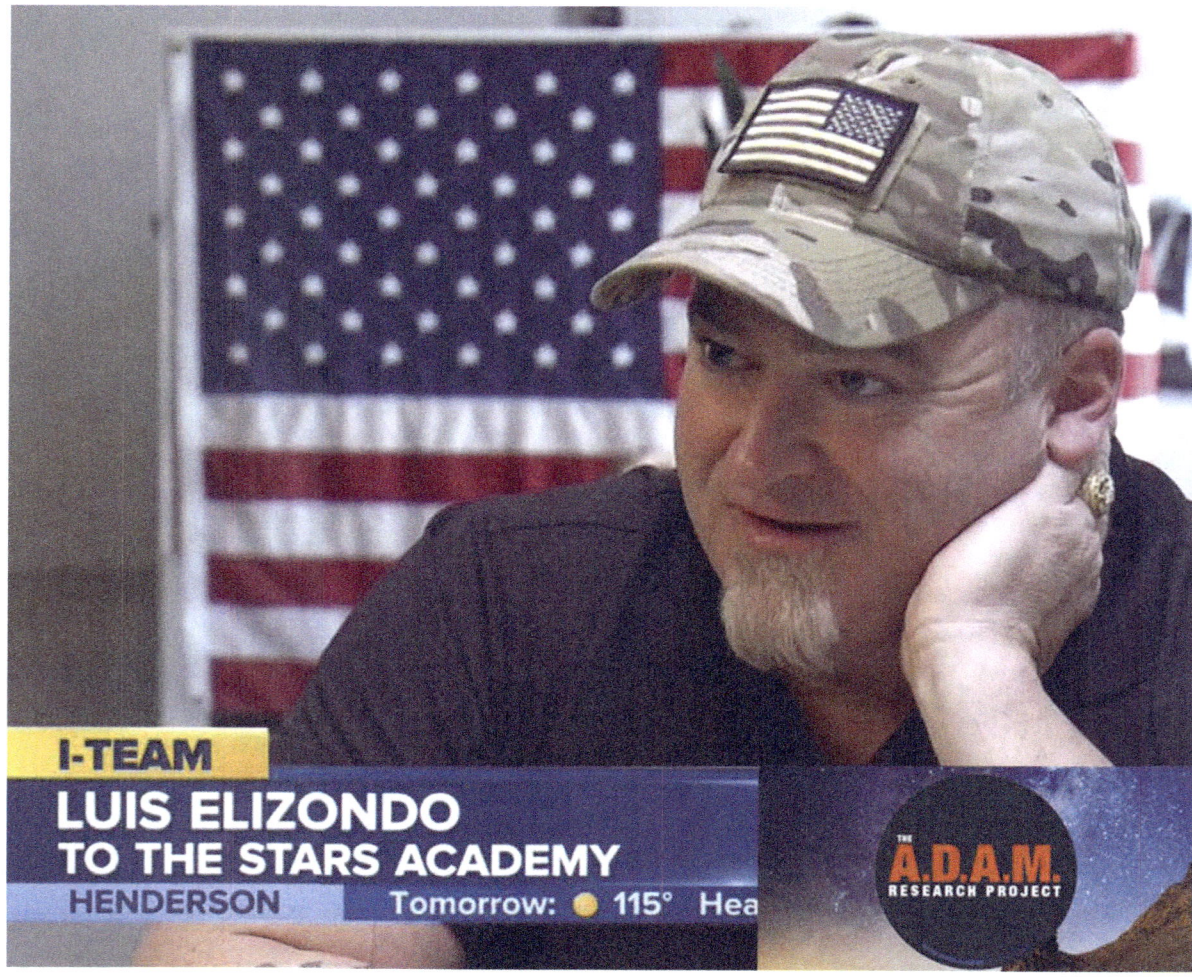

IKARIS

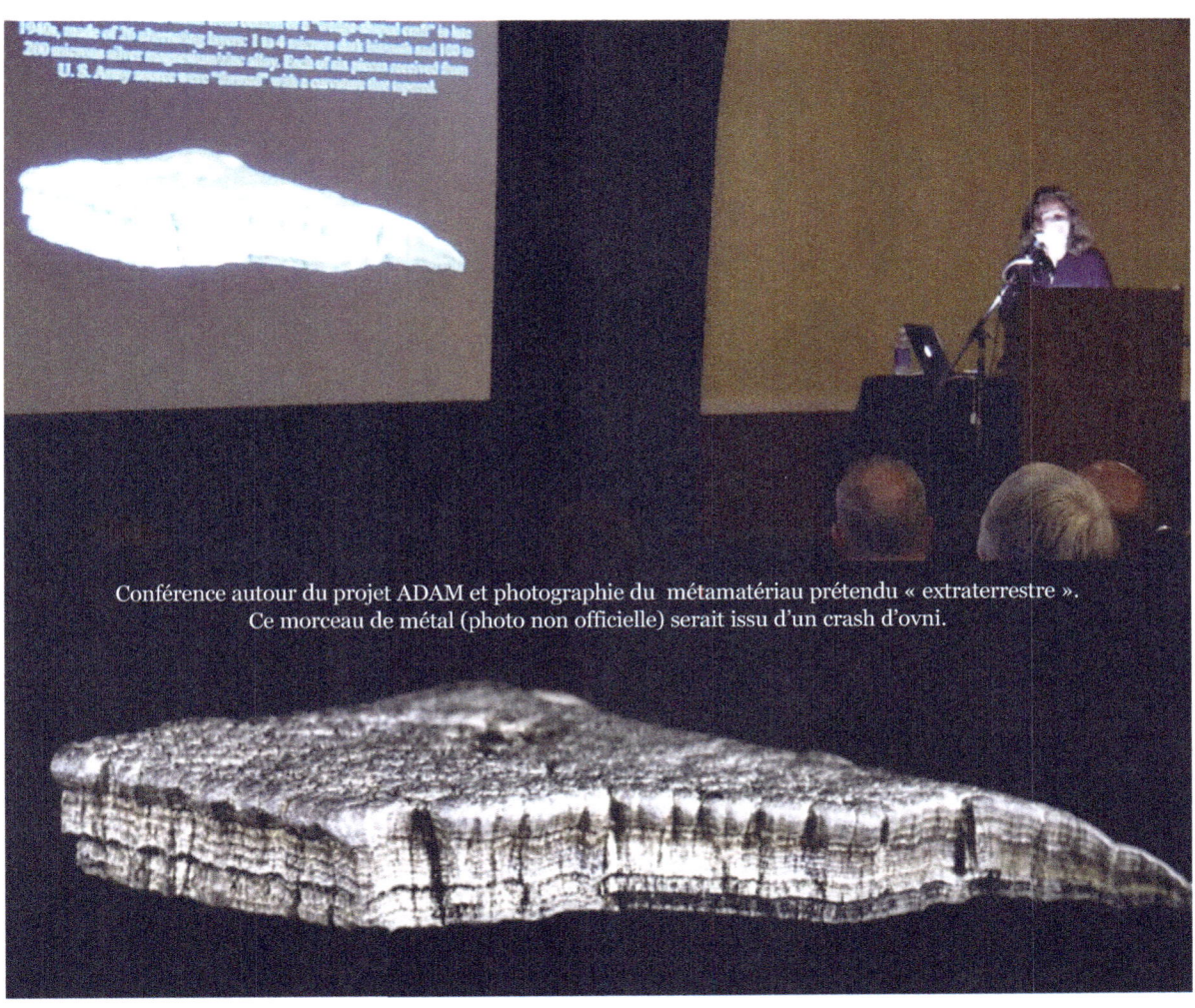

Conférence autour du projet ADAM et photographie du métamatériau prétendu « extraterrestre ».
Ce morceau de métal (photo non officielle) serait issu d'un crash d'ovni.

En physique et en électromagnétisme, le terme « métamatériau » désigne un matériau composite artificiel qui présente des propriétés électromagnétiques qu'on ne retrouve pas dans un matériau naturel.

Dès que nous serons informés que des matériaux sont disponibles, nous déploierons tous les efforts nécessaires pour documenter leur origine et vérifier leur crédibilité via des procédures de contrôle et des protocoles spécifiques. Nous chercherons des preuves de l'origine exotique des métaux tout en cherchant à comprendre les caractéristiques de ces métaux, tels qu'une résistance exceptionnelle, la légèreté et toutes les propriétés avancées inhabituelles qui pourraient contribuer au développement de nouvelles technologies. Dans ce but, la TTSA vient de conclure un contrat avec EarthTech International Inc (Texas) pour évaluer les propriétés des matériaux déjà disponibles. Harold E. Puthoff, actuel vice-président de la branche technologie de la TTSA, va diriger ce projet de recherche ambitieux sur les matériaux. Nous effectuerons les mêmes recherches que le gouvernement, mais avec des fonds privés de personnes qui partagent notre intérêt et notre curiosité. Nous cherchons à comprendre des phénomènes encore inconnus comme le voyage spatio-temporel. La TTSA sera propriétaire de toutes les analyses et assurera la couverture médiatique sur la composition de ces matériaux. »

CONCLUSION

Difficile aujourd'hui de juger du sérieux du programme ADAM, car pour l'instant, aucune image officielle des métamatériaux allégués n'a fait surface, ni aucun rapport de tests. Pas de détail non plus sur l'époque et l'endroit où ils ont été trouvés, même si une rumeur persistante parle du crash de Roswell... Quoi qu'il en soit, la TTSA veut se montrer exemplaire dans ce projet et l'avenir nous dira si nous pouvons lui faire confiance.

ET DEMAIN ?

Contact et impact
Quelles conséquences suite aux révélations du programme gouvernemental secret ?

Nous voilà au moment de résumer tout ce que nous avons pu aborder dans ce grand dossier pour essayer d'anticiper l'impact que pourrait avoir une « révélation » sur notre société actuelle.

Tout commence donc avec Luis Elizondo, un officier du renseignement militaire américain qui démissionne de son poste de directeur des programmes chargé d'enquêter sur les menaces aériennes non identifiées en octobre 2017. Deux mois plus tard, le ministère de la Défense déclassifie deux vidéos très importantes, qui datent de 2004, et qui montrent deux chasseurs de type F/A-18F de la Navy, basés sur le porte-avions Nimitz, qui poursuivent des ovnis sans pouvoir les rattraper. Le *New York Times* publie à cette occasion un article (qui va figurer parmi les plus lus depuis 10 ans) annonçant la fermeture d'un programme secret du Pentagone qui avait pour rôle d'étudier le phénomène

Robert Bigelow, un entrepreneur milliardaire, est un ami de longue date du sénateur Harry Reid. C'est Bigelow qui a reçu la plus grande partie de l'argent alloué au programme secret du Pentagone entre 2007 et 2012.

À découvrir cet hiver les 10 premiers épisodes de la série *Project Blue Book* (sur la chaîne *History*)

Luis Elizondo a suivi le même chemin que Josef Allen Hynek avant lui (conseiller scientifique démissionnaire du projet *Blue Book* en 1969). Elizondo affirme *« qu'il existe des preuves très convaincantes que nous ne sommes pas seuls »*.

ovni entre 2007 et 2012, alors que jusque-là personne n'en connaissait l'existence.

Dans les coulisses, c'est Robert Bigelow de Bigelow Aerospace qui semble tirer les ficelles. Une partie importante du budget de 22 millions de dollars de l'Advanced Aviation Threat Identification Program lui aurait en fait été versée dans le but d'embaucher des sous-traitants et de mener des recherches sur les ovnis. Il serait aussi dépositaire d'étranges métaux « extraterrestres » qui lui auraient été confiés par le Pentagone suite au crash d'un ovni (peut-être celui de Roswell). Bigelow est un milliardaire assez particulier, qui tisse des liens solides et privilégiés avec la NASA et le Pentagone, alors que, dans le même temps, il déclare sans le moindre doute *« qu'il est persuadé que les extraterrestres vivent parmi nous »*. Improbable mélange des genres !

Luis Elizondo se rapproche ensuite du MUFON et affirme que les ovnis sont réels, qu'ils utilisent une technologie extrêmement avancée et que des percées technologiques considérables se produiront si nous permettons à nos scientifiques et à nos ingénieurs d'étudier ce phénomène sans entrave.

Puis en octobre 2017, Elizondo va s'associer à Tom DeLonge, un ancien chanteur de rock devenu ufologue, pour créer la To The Star Academy qui ambitionne de réunir des chercheurs autour des domaines de la propulsion, de l'énergie, de la communication, de la biologie et de la conscience pour *« révolutionner notre monde actuel »*.

Quelle histoire ! Et tout a commencé avec une simple vidéo d'ovni tournée au large de la côte de San Diego, alors qu'il existe des centaines d'autres rapports d'observation similaires ! Les portes de la divulgation se sont-elles vraiment ouvertes aux États-Unis ? Est-ce un impératif préalable à la privatisation de l'espace où les observations d'ovnis risquent de devenir de plus en plus difficiles à camoufler ? Et que penser du fond des océans où cet engin grand comme un terrain de football est visiblement parti en plongée sous les yeux des pilotes de F/A-18F ? Quoi qu'il en soit, les militaires envisagent toujours les ovnis comme une menace. Ils ne savent pas d'où ils viennent, qui les pilote, ni quelles sont leurs intentions... Mais sont-ils vraiment une menace ?

Depuis le temps qu'ils parcourent nos cieux, s'ils étaient de nature hostile, il y a longtemps que nous l'aurions constaté !

ET DEMAIN ?

La menace potentielle que les ovnis font peser sur nous semble figurer parmi les préoccupations du ministère de la Défense et de la communauté du renseignement américain. Selon certaines rumeurs, un département baptisé QAnon aurait été créé sous la présidence Trump pour mettre en garde les citoyens américains contre une opération sous fausse bannière assez effrayante au sujet de la menace extraterrestre.

UNE AUTRE HYPOTHÈSE

Et si les Russes ou les Chinois avaient obtenu une technologie de pointe basée sur l'étude du phénomène ovni ou des matériaux issus d'un crash ? Est-ce cela que redoutent les États-Unis ? D'ailleurs, Donald Trump n'a-t-il pas annoncé en juillet 2018 qu'il comptait mettre en place une force de l'espace et déclaré à cette occasion : « *Pour défendre l'Amérique, une simple présence dans l'espace ne suffit pas, nous devons dominer l'espace. Le temps est venu d'écrire le prochain chapitre de l'histoire de nos forces armées, de se préparer pour le prochain champ de bataille où nos militaires seront appelés à prévenir et vaincre une nouvelle vague de menaces contre notre peuple et notre nation.* » C'est un propos assez inquiétant...
D'ailleurs, selon les déclarations en ligne d'un certain Q dont l'identité fait l'objet de spéculations, le Pentagone aurait créé depuis le début de la présidence de Donald Trump un bureau très spécial baptisé QAnon. Est-ce une rumeur ou une réalité ? Ce bureau anticiperait un tournant dans l'étude des ovnis, et il se dit attentif aux évènements qui commencent à se dérouler au sujet de la « divulgation ».
Ce mystérieux bureau QAnon souhaiterait attirer notre attention sur le fait qu'une organisation mal intentionnée pourrait profiter du prétexte d'une fausse « invasion extraterrestre » pour installer une nouvelle forme de gouvernance. C'est le même discours que celui tenu par l'ufologue Steven Greer, mais jusqu'à maintenant ce dernier n'était pas considéré comme crédible par la plupart des ufologues. La cellule QAnon le sera-t-elle plus ? Pour le gouvernement américain, il semble que nous soyons aujourd'hui à l'opposé des conclusions du *Project Blue Book* qui affirmaient qu'aucun ovni signalé, étudié et évalué par l'Armée de l'Air n'avait jamais donné d'indication de menace pour la sécurité nationale. Aujourd'hui, le mot « extraterrestre » n'est donc plus tabou, et tout cela ressemble à un ballon d'essai pour prendre le pouls et la réaction des citoyens américains.

UFOLOGIE

Première partie

La Zone 51, objet des rumeurs les plus folles

« *Pendant que le la CIA propage des rumeurs absurdes sur la Zone 51, elle mène à bien des programmes aéronautiques secrets qui sont hébergés dans la Zone S-4, qui est à une centaine de kilomètres de Groom Lake.* »
Bob Lazar

Area 51 – Groom Lake. Cette base secrète se trouve à environ 600 km de Phoenix (une ville bien connue des ufologues pour ses célèbres lumières inexpliquées apparues dans le ciel nocturne en mars 1997). Pour trouver la base secrète (qui officiellement n'a pas de nom) sur *Google Earth*, il suffit de taper « Groom Lake, Nevada », car le complexe militaire se situe au pied de ce lac salé asséché.

C'est une région montagneuse et désertique qui abrite quelques routes peu fréquentées, des ruisseaux, des bâtiments isolés et une piste d'atterrissage de 9,5 km. Mais officiellement, c'est une zone non référencée sur les cartes qui fait pourtant la taille de la Suisse ! L'accès est totalement interdit et un peu partout des panneaux avertissent les curieux : « *Zone militaire. Défense de pénétrer. L'utilisation d'armes létales est autorisée.* » Quant à l'espace aérien au-dessus de la base, inutile d'espérer le survoler en drone ou en ULM, c'est le plus protégé et surveillé des États-Unis.

L'accès à la base est réservé au personnel autorisé qui s'y rend grâce à une navette quotidienne. Au moins 500 personnes arrivent chaque matin au terminal privé de la base, situé du côté nord-ouest de l'aéroport McCarran à Las Vegas, dans le Nevada.

Les habitants autour de la zone 51 ne manquent pas d'humour...

DOSSIER

Depuis 50 ans, la base ne cesse de s'agrandir. La Fédération des scientifiques américains (FAS) fait campagne contre le secret gouvernemental et a inclus la Zone 51 parmi une liste d'autres installations militaires en Corée du Nord, en Iran, au Pakistan et en Inde.

DES TECHNOLOGIES EXTRATERRESTRES ?

La Zone 51 est née en 1954, dans le plus grand secret, pour mettre au point les fameux avions-espions U2 sous la directive de la *Lockheed Aircraft Corporation* et de la CIA. De nos jours, la base continue d'accueillir les projets les plus révolutionnaires en matière d'aéronefs non conventionnels.

C'est un des principaux quartiers généraux de la CIA depuis sa création, et il y règne depuis toujours un secret absolu sur les activités qui y sont pratiquées. Si cette base est connue depuis le début des années 60, l'armée de l'air américaine n'a admis officiellement son existence qu'en 1994.

La Zone 51 regroupe tout ce qui se fait de plus avancé en matière d'ingénierie militaire. Selon certains ufologues, sa spécificité serait l'expérimentation et la recherche issues de technologies non humaines récupérées après des crashs d'ovnis et/ou héritées d'accords secrets avec des intelligences extraterrestres. L'aura de mystère autour de cette zone a aussi été entretenue par les témoignages de nombreux civils depuis des décennies qui ont observé des ovnis survolant l'espace aérien du Sud du Nevada à très grande vitesse (Mach 10 et plus). Des observations qui n'ont jamais été niées par les autorités militaires. Cependant, à la fin des années 80 les projecteurs se sont focalisés sur la Zone 51 grâce au témoignage de Robert Bob Lazar, un ingénieur américain qui aurait travaillé sur place pendant cinq mois à partir de décembre 1988. En effet, Lazar a fait en mai 1989 une interview télévisée qui a marqué l'histoire de l'ufologie. Il a révélé que le Pentagone et la CIA disposaient de neuf soucoupes volantes différentes et qu'ils tentaient d'adapter la technologie extraterrestre à leurs propres engins expérimentaux.

Apparu de façon anonyme lors de son premier passage télévisé, Lazar décidera cependant quelques mois plus tard de révéler sa véritable identité (il avait reçu avec sa femme des menaces de mort et des intimidations et il savait qu'il avait été identifié), pensant ainsi éviter des risques supplémentaires sur sa personne et son épouse. Nous y reviendrons en détail dans la suite de ce dossier, mais il va décrire un lieu secret appelé S-4 (à proximité du lac Papoose dans la Zone 51) où il dit avoir vu des soucoupes volantes d'origine extraterrestre. Lazar affirme même avoir fait partie de l'équipe des 22 ingénieurs qui avaient été embauchés pour étudier le système de propulsion de ces engins exotiques...

UFOLOGIE

À L'INTÉRIEUR DE LA ZONE S-4

Selon Bob Lazar, le secteur S-4 est un immense complexe souterrain qui occupe toute la chaîne de montagnes qui borde la Zone 51. Au début, on lui aurait dit qu'il allait travailler sur une technologie très sophistiquée créée par l'homme, mais quand il est entré dans l'un des hangars où se trouvaient les soucoupes volantes, il aurait été convaincu qu'elles ne venaient pas de ce monde, car leur forme et leur dimension ne semblaient pas avoir été conçues par et pour l'homme (voir aussi le témoignage d'Isaac sur la technologie des drones californiens dans *Ikaris* HS 5). « *Lorsque je me suis approché d'un de ces engins, je n'ai pas vu de joints apparents, de soudures, de boulons, ni de rivets sur sa surface. Les arêtes de tous les éléments étaient arrondies et lisses, comme si elles avaient été fabriquées avec un métal liquide soumis à un refroidissement rapide. Le moteur qui servait à la propulsion n'était pas plus gros qu'une balle de baseball et il générait un champ d'antigravité à travers une colonne creuse, située verticalement au centre de l'engin* », a déclaré Lazar. Pour être pris au sérieux, il va également fournir des notes et des documents qui prouveraient selon lui qu'il dit vrai au sujet des engins aperçus dans les hangars de la base S-4. Il va aussi fournir quelques bribes d'informations au sujet de petits êtres extraterrestres de type « gris » avec de grandes têtes chauves qui habiteraient la base secrète.

Il aurait entendu dire que ces aliens venaient de l'étoile Zeta Reticuli, et il a confirmé qu'un très grave conflit se serait déroulé dans la base de Dulce en 1979, au cours duquel des « gris » et des soldats de la Delta Force se seraient affrontés à mort suite à une révolte armée (voir notre dossier sur la base de Dulce dans *Ikaris* HS 5).

Tous ces éléments ont convaincu Bob Lazar qu'il avait bien travaillé sur des technologies extraterrestres qui étaient alors étudiées par des humains. Même s'il n'a jamais déclaré de manière catégorique qu'il avait vu des extraterrestres dans le secteur S-4, il affirme avoir entendu suffisamment de choses étranges pour être convaincu de leur présence sur le site.

CES DÉCLARATIONS INCROYABLES SONT-ELLES CRÉDIBLES ?

D'après le journaliste d'investigation George Knapp (celui qui avait interviewé Bob Lazar sur la chaîne *KLAS-TV* de Las Vegas en 1989), une douzaine de personnes auraient fourni ces trente dernières années

En mai 1989, Bob Lazar fait des déclarations fracassantes à la télévision américaine à propos de la Zone 51. Sa silhouette était plongée dans le noir et sa voix déformée électroniquement. Aujourd'hui, il relate toujours la même histoire à propos des neuf soucoupes volantes qu'il aurait observées et vu fonctionner dans la zone S-4.

DOSSIER

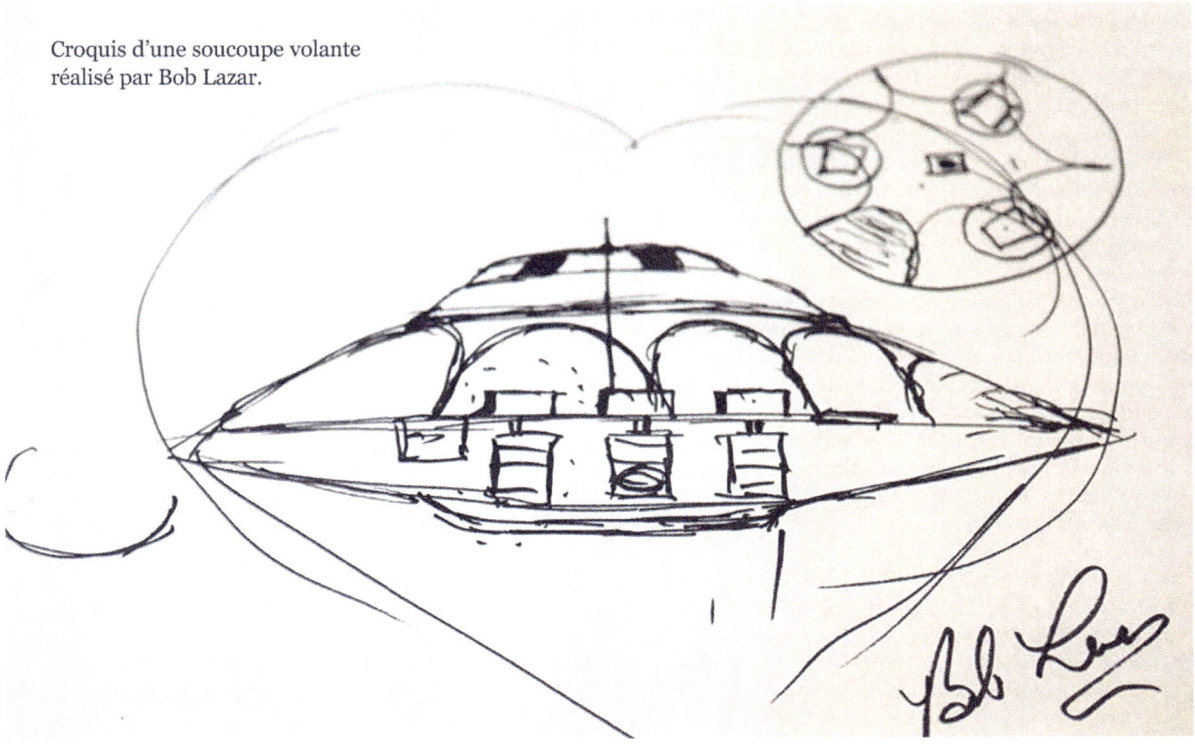

Croquis d'une soucoupe volante réalisé par Bob Lazar.

La base est maintenant connue dans le monde entier sous le nom de « Area 51 » (grâce à de nombreuses mentions dans les séries et les films hollywoodiens), bien que cette désignation ait été officiellement abandonnée dans les années 1970.

des données complémentaires qui semblent corroborer les affirmations de Lazar. Par exemple, à la fin des années 1990 un ingénieur en électronique avait déclaré avoir vu une soucoupe volante dans le secteur S-4 et il était prêt à témoigner dans une émission de télévision, mais il a fait marche arrière quand il s'est aperçu qu'il était surveillé par les services secrets.
Un autre témoin qui s'apprêtait à faire des révélations du même type a été directement menacé dans un courrier lui disant : « *Nous savons que vous voyagez beaucoup, et nous ne voudrions pas que vous ou votre famille subissiez un terrible accident.* »
Il semble bien que derrière toutes ces intimidations et menaces à peine voilées se cachent des agents en lien avec l'Initiative de défense stratégique (IDS ou Star Wars) qui a pris naissance au début des années 80 au Laboratoire national de Los Alamos (Nouveau-Mexique). Ce dossier sur la zone S-4 revient d'ailleurs actuellement sur le devant de la scène à cause de la mise en place de la Space Force chère à Donald Trump et de toutes les technologies futuristes qui y seront associées... D'ailleurs, il y a quelques semaines l'amiral Wilson (ancien directeur de la DIA) a confirmé l'existence d'un groupe secret au sein du Pentagone qui pourrait bien être le célèbre Majestic-12 (voir *Ikaris HS 6*) et les travaux menés sur le secteur S-4 seraient forcément en relation avec ce groupe qui œuvre en

Bob Lazar était bien en charge d'importants projets militaires dans la Zone 51, mais dès que l'on évoque ses travaux menés dans le secteur S-4, il n'existe aucun registre qui puisse prouver sa présence effective.

UFOLOGIE

dehors de toute juridiction militaire.
Dernièrement, Bob Lazar a été beaucoup médiatisé aux États-Unis, et encore dernièrement via *Netflix* dans le documentaire *Bob Lazar : Area 51 and Flying Saucers* où il réitère ce qu'il pense savoir sur cette organisation secrète. Devant les caméras, il est toujours impassible, presque froid, calme et sans prétention. Il ne s'éparpille jamais à parler de sujets trop techniques, et il raconte toujours (à peu près) la même histoire…

Il a cependant de nombreux détracteurs qui l'accusent de ne pas être en mesure de présenter deux diplômes qu'il dit avoir obtenus dans une prestigieuse université américaine (un passé qui a cependant pu être effacé à son insu), et il est parfois accusé de monter cette affaire en entreprise lucrative (ses croquis de « vaisseaux extraterrestres » ont été commercialisés et il a vendu les droits de son histoire pour faire un film).

CONCLUSION : S4, QUEL EST LE NIVEAU ATTEINT PAR LA TECHNOLOGIE EXOTIQUE ?

En 1994, la CIA a reconnu pour la première fois l'existence officielle de la Zone 51 via un document publié en vertu de la loi sur la liberté de l'information. Dans les faits, tout le monde savait bien depuis longtemps que la base de Groom Lake servait de site de test pour des avions-espions secrets (U2, SR71 Blakbird, F117, B2, etc.), mais ce que les ufologues voulaient savoir, c'est quelles étaient les activités classifiées qui se déroulaient dans la Zone S-4 et si ce secteur était occupé en sous-sol par des extraterrestres.

En mai 2013, un agent de la CIA à la retraite qui utilisait le pseudonyme de « Kewper » a témoigné devant six anciens membres du Congrès américain au sujet d'un incident survenu en 1958 et qui aurait impliqué le président Eisenhower. Celui-ci aurait demandé des informations et l'accès aux installations de la Zone S-4 et cela lui aurait été refusé.

Eisenhower aurait alors menacé d'envahir S-4 avec la US First Army (sa garde personnelle) avant que des responsables de la CIA ne se décident à partager avec lui des informations classifiées.

Selon cet ancien agent de la CIA, non seulement l'installation S-4 hébergeait un certain nombre de véhicules spatiaux d'origine extraterrestre, mais aussi au moins un alien vivant (voir l'interview de l'infirmière de Roswell dans *Ikaris* n° 8).

Kewper a affirmé également que celui qui était son supérieur au début des années 80 ainsi que d'autres agents ont même eu la possibilité d'interroger directement cet extraterrestre et de le filmer.

D'ailleurs, en 1997 un lanceur d'alerte utilisant le pseudonyme de Victor a publié la vidéo d'un alien présumé interrogé dans le secteur S-4. Vous pourrez retrouver cette séquence sur *YouTube* en tapant « *Area 51 : The Alien Interview* ».

En 2010, une équipe de la chaîne *NBC* a déclaré avoir subi des brûlures sur la peau causées par les radiations d'un ovni qui l'avait survolée lors d'un tournage aux abords de la Zone 51.

Illustration

DOSSIER

Image de l'alien tirée de la vidéo
Area 51 : The Alien Interview

La séquence se présente comme un interrogatoire de trois minutes sans la bande-son.
Victor aurait réussi à faire sortir la cassette clandestinement et il a supprimé l'audio afin de protéger l'identité des humains qui y figurent.

Tout comme celle de l'autopsie de Roswell, la plupart des ufologues pensent que cette vidéo est fausse et qu'elle sert la désinformation sur ce dossier, mais elle fait encore l'objet de débats controversés quant à son authenticité...

LA NOUVELLE GÉNÉRATION DE PROGRAMMES NOIRS SE TOURNENT VERS L'ESPACE

Lors d'une récente observation au-dessus de la zone 51, plusieurs témoins ont déclaré avoir vu un avion en forme de triangle, mais qui devait être équipé d'un système de furtivité visuelle, car il semblait apparaître et disparaître périodiquement.
C'est *a priori* la technologie la plus à la pointe sur les programmes noirs. En effet, une nouvelle génération d'avions semblent être équipés d'un système de contre-éclairage permettant de réduire leur détectabilité dans un ciel très lumineux ou même de nuit.
Des démonstrations récentes chez Lockheed Martin Skunk Works ont montré que des matériaux électrochromiques pouvaient être incorporés sur des panneaux plats qui peuvent changer de couleur ou de teinte lorsqu'ils sont soumis à une charge électrique. Cependant, le grand public dans son ensemble n'a aucune idée des progrès qui ont été accomplis dans ce domaine depuis le début des années 1980. Le gouvernement peut même payer plusieurs fois pour la même technologie développée dans le cadre de différents programmes spéciaux et la plupart des médias ont abandonné toute tentative sérieuse d'enquêter sur ces programmes classifiés. Peu de gens le savent, mais depuis environ 20 ans, tous les efforts sont déployés vers l'espace et la mise en place de l'IDS (Initiative de défense stratégique).

UFOLOGIE

Deuxième partie

Edgar Fouché, un initié nous parle de la Zone 51
Certains programmes noirs sont-ils issus des ovnis ?

> *« Il y a au moins huit programmes noirs qui sont menés conjointement dans la Zone 51. Les avions qui volent là-bas sont silencieux et incroyablement rapides. On en a même détecté un au radar volant à 16 000 km/h. Je doute que ces vitesses auraient été à la portée de la technologie humaine si on ne nous avait pas aidés. »*
> *Jim Goodall, expert aéronautique*

Il existe une grande quantité d'indices suggérant que certains programmes noirs ont un lien étroit avec les ovnis, et peut-être même avec des extraterrestres. Des documents de la NSA prouvent que cette agence leur consacre beaucoup d'argent depuis le milieu des années 40.

Le hacker Garry McKinnon a également mis ce fait en lumière, de même que des milliers de documents et déclarations déclassifiées, issus de hauts responsables gouvernementaux et militaires. On pourra également souligner les révélations faites par Edward Snowden, le lanceur d'alerte américain (un informaticien, ancien employé de la CIA et de la

John F. Kennedy, dans l'un de ses discours les plus célèbres, a dénoncé le « secret au-delà du gouvernement », s'inquiétant, comme son prédécesseur Dwight Eisenhower, de la montée en puissance du complexe militaro-industriel.

DOSSIER

Gary McKinnon prétend s'être s'introduit dans le système de l'US Space Command et il y aurait découvert une liste intitulée « agents non terrestres ». Il ne croit pas que ces agents soient des aliens, mais il pense que les États-Unis sont en train de créer un corps militaire spécial évoluant dans l'espace et utilisant de la technologie extraterrestre acquise d'une façon ou d'une autre pour faire fonctionner de nombreux vaisseaux.

NSA), qui a divulgué le tout premier document prouvant l'existence d'opérations clandestines aux budgets noirs au sein de la NSA (nous reviendrons en détail sur Gary McKinnon et Edward Snowden dans de prochains articles).
En matière d'informatique, l'Agence de sécurité nationale et le Pentagone avaient environ 35 ans d'avance sur le reste du monde en 1970, et il en était sans doute de même en matière de propulsion « exotique » à la fin des années 1980. Cela nous conduit à nous demander quelles sont leurs capacités réelles aujourd'hui. Par exemple, le F-117A Night Hawk était opérationnel dès 1983, mais personne n'a connu son existence avant 1986. Il était tellement avancé entre 1983 et 1986 qu'il était plus important de le garder secret que de l'utiliser pour des missions militaires. Cela aurait pu durer quelques années supplémentaires sans le déclenchement de la guerre du Golfe. L'existence de ces programmes noirs est une évidence, les États-Unis ont une longue tradition de secret au sein de leurs agences gouvernementales. Les programmes noirs n'existent pas publiquement, mais ils existent bel et bien. Un rapport du Sénat américain de 1997 les qualifiait même de *« si sensibles qu'ils étaient dispensés des obligations de compte rendu standard devant le Congrès »*.
Pour avoir une idée de leur ampleur, on citera le *Washington Post* qui a révélé que les « budgets noirs » étaient estimés à 52,6 milliards au cours du seul exercice 2013 ! Ces programmes utilisent des montants faramineux qui ne sont comptabilisés nulle part.

UN INITIÉ NOUS PARLE DE LA ZONE 51

Tous les chercheurs ont leur « théorie » sur ce que l'armée américaine cache sous le désert de la Zone 51, mais peu d'entre eux peuvent prétendre avoir acquis des informations vérifiables de première main sur ce qui s'y passe vraiment.
Edgar Fouché est pourtant l'un d'entre eux. Il a servi 25 ans au sein de l'US Air Force et du département de la Défense où il a été affecté à des sites top secret tels que la base aérienne de Groom Lake et la Nellis air force range (Nevada).
Fouché a travaillé pour le gouvernement américain dans les communications et l'électronique à Nellis en 1979 avant d'être affecté au début des années 80 à des « programmes noirs » dans les installations de Groom Lake. Quand il en parle aujourd'hui, il décrit des conditions de travail qui étaient plutôt oppressantes et des informations qui étaient toujours difficiles à obtenir, même lorsqu'elles étaient en rapport direct avec ses recherches et ses activités. La sécurité était si stricte qu'il ne pouvait aller nulle

UFOLOGIE

part, pas même aux toilettes, sans être accompagné d'un garde armé à ses côtés. Pour passer chaque porte de chaque laboratoire, il devait avoir une carte d'habilitation et un code spécifique. Fouché dit avoir appris de sources proches de lui qu'il existait à Papoose Lake (à 25 km de Groom Lake) une zone appelée Centre de recherches avancées de la défense (DARC). Le DARC a apparemment été construit au début des années 1980 avec des fonds destinés au programme d'Initiative de défense stratégique lancé par Ronald Reagan et qui incluait d'après lui un centre de contrôle de ce qui était appelé « The alien artefacts », c'est-à-dire des débris d'engins extraterrestres (peut-être y a-t-il un rapport avec Robert Bigelow).

Edgar Fouché a écrit en 1995 un livre intitulé *Alien Rapture - The Chosen* où il explique comment se dérouleraient les recherches au DARC sur les technologies extraterrestres récupérées après des crashs et qui seraient basées sur de la rétro-ingénierie. Cet ouvrage a été coécrit avec Brad Steiger (qui a publié 143 ouvrages sur les ovnis, dont le best-seller *Project Bluebook*) qui complète les déclarations de Fouché en ajoutant que toutes sortes d'études sur des entités biologiques extraterrestres (EBE) ont aussi été pratiquées clandestinement (Steiger aurait obtenu ces informations de cinq anciens militaires qui auraient accepté de lui divulguer des informations confidentielles sous le couvert de l'anonymat). Fouché a également interrogé d'autres contacts ayant travaillé sur des programmes classifiés ou qui ont déclaré avoir piloté des aéronefs militaires classifiés, afin de recouper leurs témoignages avec des observations d'ovnis. Parmi eux, il y avait cinq pilotes de SR-71, deux pilotes de U-2, un pilote de U-2/TR-1 et environ deux douzaines de pilotes de bombardiers et de chasseurs de combat. Ce serait un de ces pilotes qui lui aurait parlé du prototype TR-3B...

LES TRIANGLES NOIRS (TR-3B)

Fouché affirme avoir eu des informations confidentielles de première main sur certains des secrets technologiques les mieux gardés des États-Unis, tels que le mythique TR-3B, plus connu des ufologues sous le terme générique de « triangle noir ».

Selon Fouché, le développement du TR-3B a commencé en 1982 et il faisait partie du « Projet Aurora ». Ce projet avait pour objectif de construire et de tester des véhicules aérospatiaux avancés, comme des mini plateformes volantes de forme triangulaire à propulsion nucléaire. Il pense qu'environ 35 % des fonds destinés au projet Star Wars de l'Initiative de défense stratégique du

Groom Lake a accueilli les essais en vol du Lockheed U-2, du SR-71 Blackbird, du F-117 Stealth Fighter, du bombardement B-2 Stealth de Northrop et sans doute maintenant du mystérieux TR-3B Black Manta qui serait l'engin volant le plus « exotique » existant.

DOSSIER

En 1983, le président Ronald Reagan présentait le programme « Star Wars » pour protéger les États-Unis de la menace des missiles soviétiques. Trente-quatre ans plus tard, Donald Trump s'apprête à lancer la « Space Force ». « Nos adversaires sont dans l'espace, que cela nous plaise ou non [...]. Mon gouvernement a fait de la création d'une force spatiale une affaire de sécurité nationale. Nous devons être prêts », a déclaré en février dernier le 45e président des États-Unis en signant la directive spatiale.

gouvernement américain (soit environ 16 milliards de dollars entre 1982 et 2016) ont été détournés pour financer le TR-3B. « TR » signifie Tactique Reconnaissance, ce qui veut dire que l'engin est conçu pour atteindre sa cible et rester à proximité aussi longtemps que nécessaire pour renvoyer des informations à sa base. D'après les éléments donnés par Fouché dans son livre, le TR-3B serait alimenté par un réacteur nucléaire et il aurait une autonomie de plusieurs jours, voire plusieurs semaines.

Sa technologie lui permettrait également de planer silencieusement à des altitudes très basses pendant de longues heures sans se faire repérer (furtivité radar et visuelle). L'habitacle de l'équipage se trouverait au centre du triangle et sur le dessus de l'engin dont les bords sont cerclés d'un anneau accélérateur rempli de plasma appelé disjoncteur de champ magnétique (MFD). Cet anneau générerait un vortex magnétique qui neutraliserait efficacement les effets de la gravité sur sa masse, allégeant considérablement le poids du triangle volant, ce qui signifie qu'il pourrait manœuvrer aussi lentement et silencieusement qu'un ballon dirigeable.

Ses moteurs alimentés à l'énergie nucléaire lui permettraient également de voler à des vitesses fantastiques proches de Mach 9, aussi bien verticalement qu'horizontalement. Le disjoncteur de champ magnétique n'alimentant pas réellement l'engin, il servirait surtout à réduire son poids. Quant au système de propulsion, il se composerait de trois propulseurs multimodes montés à chaque coin du triangle.

CONCLUSION

Compte tenu des informations dont nous disposons et qui sont certes très parcellaires, il est probable qu'un groupe clandestin possède :
- Une technologie largement supérieure à celle connue du monde « traditionnel ».
- La capacité d'explorer des régions de l'espace officiellement non visitées, peut-être jusqu'à la Lune.
- Une compréhension scientifique, biologique et cosmologique qui leur permet de mieux appréhender les autres formes de vie dans l'univers.
- Une infrastructure significative « construite à partir d'un réseau partiellement souterrain, qui leur confère un degré élevé de secret et d'indépendance d'action.

En fait, c'est comme si une civilisation parallèle s'était détachée de la nôtre en un demi-siècle. Toujours en interaction avec la nôtre, ses membres évoluent probablement entre la réalité officielle de ce que nous sommes censés croire et ce que nous pensons être de la science-fiction... ∎

UFOLOGIE

Troisième partie

Bob Lazar - Area 51 & Flying Saucers
Un nouveau documentaire qui explore l'incroyable vie de Bob Lazar

« Nous n'entendons jamais parler de programmes aux budgets noirs, nous ne savons pas combien cela nous coûte, combien d'employés y travaillent, combien de programmes y sont menés conjointement ou combien d'agences font exactement le même travail, mais tout ceci existe et nous n'avons même pas idée de leur ampleur… »
Dana Priest (journalistes du *Washington Post*)

Revenons maintenant sur ce documentaire que nous évoquions dans la première partie de ce dossier et qui retrace la vie de Bob Lazar. Dans *Area 51 & Flying Saucers*, le réalisateur Jeremy Corbel commente en détail la célèbre interview de 1989 qui a été à l'origine de toute cette affaire et de la vie qui s'est ensuivie pour Bob Lazar.

À proximité de Groom Lake, depuis un demi-siècle, de nombreux objets étranges et apparemment « exotiques » ont été vus, photographiés et filmés, mais la question reste toujours la même : *« Sont-ils le résultat de la science extraterrestre ou simplement de notre propre avancement technologique ? »*

40

Lors des plans filmés face caméra, Lazar apparaît authentique et de nature humble. Il répète à Jeremy Corbel tout ce qu'il a vu et fait dans la Zone S-4, et si ses qualifications académiques sont soumises au doute, ses connaissances scientifiques sont indéniables. Certes, de nombreux éléments de son passé ne sont toujours pas vérifiables, mais ses émotions transparaissent véritablement devant la caméra quand il relate certains détails de sa vie.

Il affirme que tout son passé a été effacé par le gouvernement (par exemple les passages dans les grandes universités qu'il a fréquentées), et fait remarquer que son nom figure bien dans l'un des annuaires téléphoniques du personnel de la Zone 51, ce qui prouverait selon lui qu'il y a bien travaillé.

Si Lazar dit vrai, des véhicules « exotiques » perfectionnés apparaîtront sur le devant de la scène aéronautique dans un proche avenir et leurs capacités avancées seront certainement un avantage stratégique de poids pour les forces armées américaines. Mais en attendant, l'hypothèse que des vaisseaux extraterrestres aient été récupérés pour être ensuite étudiés dans le plus grand secret n'est qu'une spéculation… Quelles sont vraiment nos connaissances « humaines » actuelles dans le domaine de l'utilisation de propulsions avancées telles que l'antigravité et les sources d'énergie alternatives ? Comment les électeurs américains réagiraient-ils s'ils savaient que le gouvernement et l'armée des États-Unis ont accès à une technologie révolutionnaire depuis des décennies (en particulier compte tenu des dommages causés à notre planète par l'utilisation abusive de nos ressources fossiles) ? Quel président raisonnable laisserait le chat sortir de ce sac ? Difficile de répondre à ces questions, mais Bob Lazar tente pourtant de le faire dans ce documentaire.

L'ÉLÉMENT 115 FINALEMENT DÉCOUVERT EN 2003

En effet, la divulgation la plus importante de Lazar concerne l'existence d'une forme stable de l'élément 115 (appelé aussi moscovium ou ununpentium [Uup]). En 1989, quand Lazar a parlé pour la première fois de cet élément chimique (de numéro atomique 115), il n'avait pas encore été découvert, et c'était devenu un facteur critique l'empêchant d'être pris au sérieux.

Par exemple, Stanton Friedman écrivait en 1997 :
« Il n'y a aucune preuve que l'élément 115 a pu être créé quelque part dans le monde. D'après ce que nous savons de tous les autres éléments commençant par 100, il aurait certainement été radioactif avec une demi-vie courte, mais cela n'a aucun sens du point de vue de notre science actuelle, surtout compte tenu de la difficulté de leur ajouter des protons pour parvenir à l'élément 115. »

La Zone S-4. C'est là que Bob Lazar affirme avoir travaillé pendant plusieurs mois en empruntant des vols de navettes aériennes spécialement affrétés pour les employés de la Zone 51.

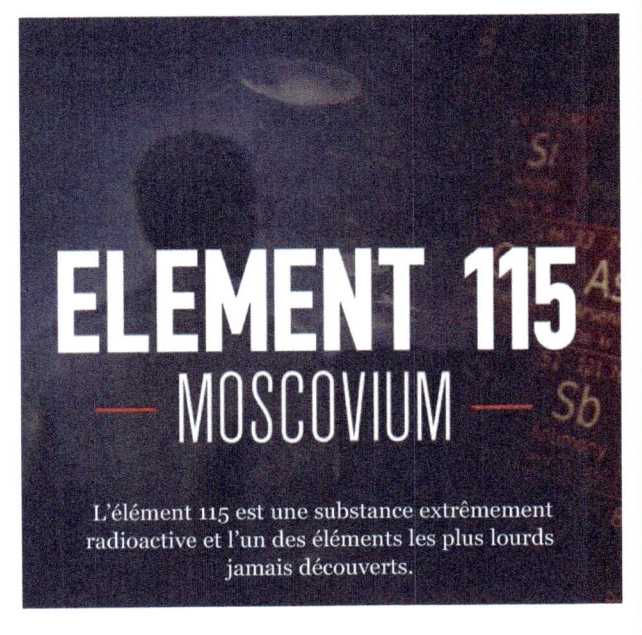

L'élément 115 est une substance extrêmement radioactive et l'un des éléments les plus lourds jamais découverts.

UFOLOGIE

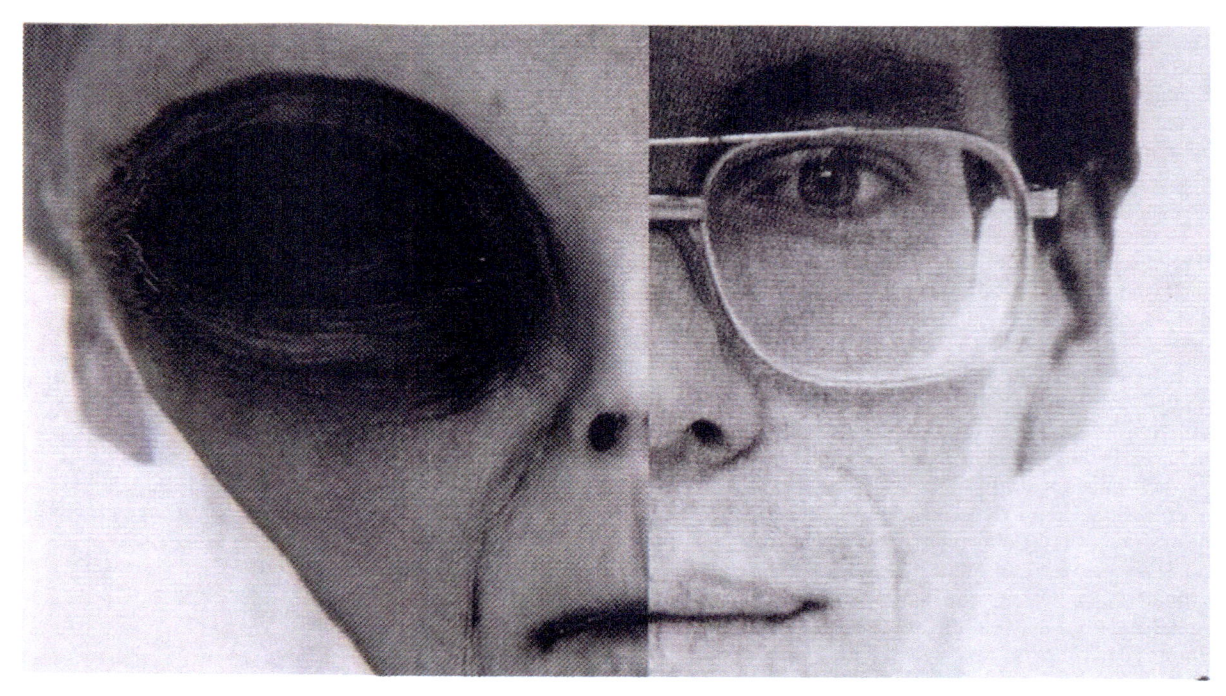

En 1989, bien avant la découverte de l'ununpentium, Bob Lazar annonçait avoir travaillé dans la base secrète S-4 sur un nouveau type de propulsion basé sur l'élément 115.
Selon lui, l'engin extraterrestre sur lequel il travaillait utilisait une version stable de l'ununpentium pour geler la gravité autour de lui et le propulser vers l'avant.
Cependant, la question est toujours la même : *« Ces prototypes sont-ils le résultat de la science extraterrestre ou simplement de nos progrès technologiques ? »*

Or, en août 2003, une équipe de scientifiques américains et russes du Joint Institute for Nuclear Research a annoncé que l'ununpentium (ou élément 115) avait été synthétisé pour la première fois par la réactions des éléments 243Am (48Ca, 3n) 288Mc et 243Am (48Ca, 4n) 287Mc.
L'ununpentium possède quatre isotopes connus allant de 287Mc à 290Mc, tous radioactifs (avec des demi-vies comprises entre 16 et 220 ms) et le Dr Joshua Patin, l'un des découvreurs de l'élément 115, a confirmé dans une interview avec Linda Moulton Howe (journaliste et ufologue) que, avec suffisamment d'avancées technologiques, la création d'une forme complètement stable de l'élément 115 serait bientôt possible ! D'ailleurs, en 2004 les quatre premiers atomes de l'isotope 115 solide ont été créés en laboratoire. Cette quantité était négligeable (avec les méthodes de production des laboratoires impliqués en 2004), mais bientôt de nouvelles avancées technologiques pourront permettre de réaliser de gros progrès en termes de quantités produites.
La dernière objection des sceptiques vis-à-vis de l'élément 115 est qu'aucun élément lourd ne peut être produit massivement sur Terre. Mais selon Lazar, il n'est pas nécessaire de le fabriquer, car il pense que l'élément 115 pourrait se former naturellement à proximité d'étoiles massives.
Quant à l'ununpentium utilisé dans la base S-4, Lazar pense qu'il se serait formé proche d'étoiles massives ou de supernovæ et qu'il aurait été récupéré tel quel par des extraterrestres. Cette dernière hypothèse de Lazar a suscité beaucoup de critiques de la part des astronomes et des physiciens qui affirment que les étoiles ne peuvent pas produire de métaux lourds avec un nombre atomique supérieur au fer (numéro atomique 26). Mais qu'en savent-ils vraiment ?

L'ÉLÉMENT 115 ET LA PROPULSION NUCLÉAIRE ULTIME
Si l'élément 115 peut se former naturellement dans le noyau de certaines étoiles et qu'il est disponible dans le système solaire, nous pourrons sans doute nous aussi l'exploiter un jour comme carburant de propulsion. D'ailleurs la présence d'éléments lourds radioactifs et stables dans notre système solaire pourrait attirer des races extraterrestres cherchant à exploiter ces précieuses ressources naturelles...
Lazar dit-il la vérité quand il répète aujourd'hui la même histoire qu'il y a 30 ans ? Avec les plus récents progrès de la physique et de l'astronomie, ces informations si largement rejetées au début des années 90 semblent cependant devenir un peu plus pertinentes...

DOSSIER

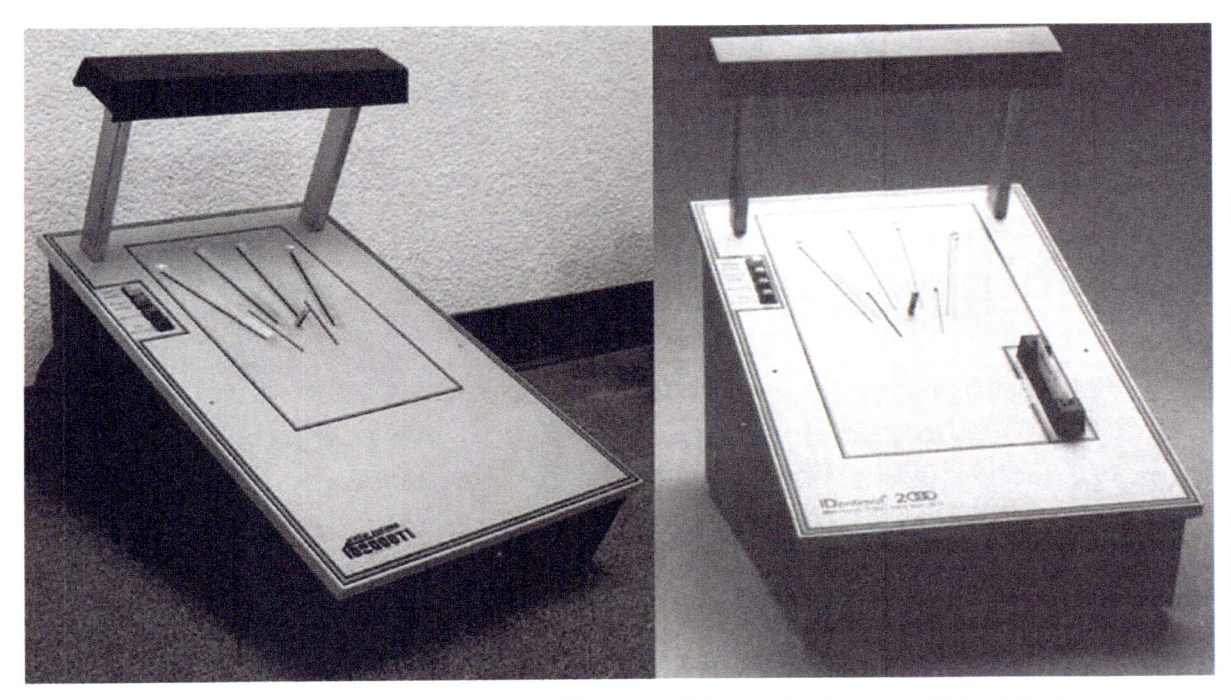

Dans le film, Corbell produit les photos d'un appareil de contrôle récemment déclassifié qui correspond bien à la description de Lazar. Le système comparait la géométrie des mains de l'utilisateur aux données stockées dans le fichier du personnel autorisé.

CONCLUSION

Si aujourd'hui Bob Lazar n'hésite plus à parler de ce qu'il a vu dans la Zone S-4, c'est sans doute parce qu'il est encouragé en cela par de nombreux Américains qui souhaitent lever le voile de la vérité sur la Zone 51. Si l'armée américaine, la CIA et le Pentagone disposent de soucoupes volantes d'origine extraterrestre, le grand public semble prêt à l'entendre et peut-être même à l'accepter. Lazar affirme d'ailleurs dans le film qu'il pense que de nos jours, ce n'est plus un crime contre le peuple américain et la communauté scientifique de divulguer ces informations.

Même si le film n'ajoute rien de plus à tout ce que nous avons évoqué dans ce dossier, il présente cependant un système d'identification biométrique (déclassifié aujourd'hui) qui était capable d'analyser les os des mains des employés de la base S-4 en 1988. Jusque-là, nous ne disposions que d'une description faite par Bob Lazar de cette machine et il s'avère aujourd'hui que les images déclassifiées correspondent exactement à ce qu'il avait décrit. Pour connaître l'existence de ce scanner manuel, Lazar devait forcément travailler dans cette zone de haute sécurité, car personne à part les employés l'ayant utilisé n'auraient pu le décrire.

Cette histoire est loin d'être terminée, et peut-être que l'opération « Prendre d'assaut la Zone 51 » nous apportera quelques réponses supplémentaires, même si nous en doutons un peu… À suivre !

■

USA TRIANGLE VOLANT TR-3B PROPUSION NUCLÉAIRE

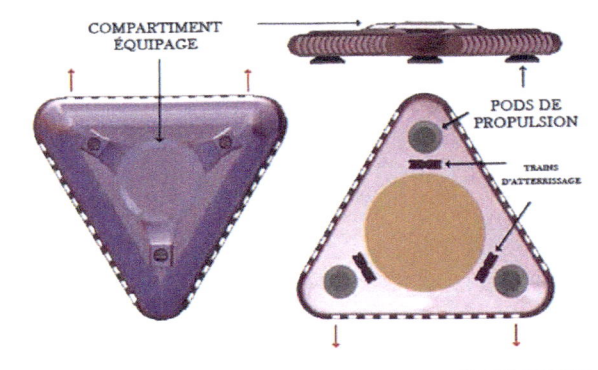

Photo prise de nuit par un témoin anonyme à Paris en 2009 qui pourrait montrer un TR3-B.

UFOLOGIE

Introduction

Exopolitique : le grand dossier Steven Greer et le *Disclosure Project*

« *Il existe un gouvernement fantôme avec sa propre force aérienne, sa propre marine, son propre mécanisme de collecte de fonds et la capacité de poursuivre ses propres idées d'intérêt national. Il s'est affranchi de tout contrôle, de tout contrepoids et de la loi elle-même.* »

Le sénateur Daniel Inouye

Nous poursuivons notre grand dossier sur l'exopolitique démarré dans le numéro 8 du magazine avec la base de Dulce au Nouveau-Mexique. Cette discipline essentiellement américaine consiste à étudier les relations entre nos civilisations humaines et d'autres formes de vie intelligente supposées dans l'univers, et il est important qu'elle soit relayée dans les médias francophones.

Steven Greer est l'organisateur de la conférence *Disclosure Project* dans laquelle il a été discuté du secret le mieux gardé au monde… la présence extraterrestre sur Terre.

DOSSIER

Steven Greer a participé à de nombreux débats suivis par des millions de personnes dans le monde à travers des émissions telles que *The Larry King Show*.

Depuis une vingtaine d'années, des pays tels que la France, l'Angleterre, le Canada, l'Irlande, le Danemark, l'Équateur, le Mexique, le Brésil, le Pérou ou encore le Chili ont déclassifié (ou déclassifient) leurs dossiers sur les objets volants non identifiés, mais les États-Unis sont encore réticents à le faire, bien qu'un processus de divulgation semble être en marche depuis deux ou trois ans, ce qui permet désormais à des spécialistes de l'exopolitique de s'appuyer sur des témoignages importants et des déclarations issues du Pentagone lui-même.

Nous sommes à la veille du jour où une grande nation de notre planète annoncera que nous ne sommes pas seuls dans l'univers, et ce jour-là l'exopolitique prendra une place très importante dans notre société du XXIe siècle.

De fait, nous assistons depuis 2001 aux prémices de cette révolution intellectuelle et sociétale, mais peu de gens sur la planète en ont réellement conscience.

Le magazine a pour objectif d'informer ses lecteurs sur la situation actuelle et nous allons, dans ce numéro publier un important dossier « exopolitique » qui nous permettra de faire une première synthèse de ce tout ce qui a déjà été dit et fait en la matière depuis 2001. Nous commencerons aujourd'hui par la présentation du docteur Steven Greer qui a ouvert le bal de la divulgation en 2001 avec ce qui a été la plus grande réunion mondiale sur le sujet du « contact entre humains et extraterrestre »... la conférence de presse du *Disclosure Project !* Cet événement mémorable et incontournable de l'histoire de l'ufologie nous servira ensuite de fil conducteur pour présenter les acteurs les plus importants de l'exopolitique américaine. Ce sera aussi l'occasion de faire le point sur *Le rapport COMETA*, *Le Projet Camelot* ou encore les commentaires faits autour des déclarations de David Wilcock, Corey Goode et Emery Smith dans le cadre des émissions *Cosmic Disclosure* diffusées depuis quelques années sur la chaîne *GaiaTV*.

Mais pour l'heure, commençons par la présentation du docteur Steven Greer, acteur incontournable de l'exopolitique américaine.

UFOLOGIE

PRÉSENTATION DU DOCTEUR STEVEN GREER

Steven Greer est né le 28 juin 1955 en Caroline du Nord. Il est membre à vie d'*Alpha Omega Alpha*, une société honorifique dans le domaine de la médecine. Il a commencé sa carrière professionnelle en tant que médecin urgentiste en Caroline du Nord (au Caldwell Memorial Hospital), une activité qu'il a partiellement quittée au début des années 90 pour se consacrer à l'exopolitique, une discipline naissante à l'époque et dont il est l'un des précurseurs.

Puis il a rompu tous les liens professionnels qu'il avait encore avec la médecine en 1998. À partir de cette année-là, il a consacré tout son temps et son énergie à chercher s'il existait au niveau gouvernemental une cabale destinée à cacher au grand public qu'un contact avec une civilisation extraterrestre avait eu lieu au début des années 50. Enfin, il s'est fait connaître mondialement du grand public le 9 mai 2001, lorsqu'il a présidé une conférence de presse au *National Press Club* de Washington dénommée *Disclosure Project* (projet révélation).

Cet événement a marqué l'histoire de l'ufologie, car il a permis de rassembler en un même lieu et au même moment plus de 20 témoins militaires, des représentants du gouvernement, des membres des services de renseignement et des chefs d'entreprises qui ont présenté des témoignages convaincants concernant l'existence de technologies avancées et de nouvelles formes de propulsion mises au point dans le cadre d'opérations noires gouvernementales. Ce jour-là, plus de cent millions de personnes à travers le monde ont entendu parler de cette conférence de presse par le biais de sa diffusion internet et de la couverture médiatique qui a suivi sur *CNN*, la *BBC*, *Voice of America*, *La Pravda* et des médias chinois. Alors même qu'Internet n'était pas aussi populaire qu'aujourd'hui, la diffusion en streaming a été suivie par 250 000 personnes, un exploit pour l'époque.

LE CONTENU DE LA CONFÉRENCE DE PRESSE DU *DISCLOSURE PROJECT*

Penchons-nous maintenant sur le contenu et les principaux thèmes abordés lors de la conférence du *Disclosure Project*. Nous reviendrons en détail sur chaque chapitre dans les prochains numéros du magazine :
- Témoignages de hauts responsables militaires du renseignement aux États-Unis et dans le monde (y

En 2009, Nick Pope a déclaré à la presse internationale que depuis les années 80 le gouvernement de la Grande-Bretagne avait donné l'ordre aux pilotes de la RAF de chasser les ovnis, mais qu'aucun avion n'en avait eu les capacités techniques.

DOSSIER

Lors de cette journée de conférence, des témoins militaires et gouvernementaux ont révélé les plus grands secrets de l'histoire moderne. Le docteur Steven Greer a ensuite publié un recueil explosif de témoignages militaires, gouvernementaux ou encore issus des services de renseignement.

compris des hauts responsables de la CIA et des chefs d'état-major interarmées).
- Témoignages de hauts fonctionnaires du Congrès et hauts responsables des Nations Unies.
- Témoignages de diplomates et hauts responsables militaires du Royaume-Uni et d'Europe.
- Cas du survol de Washington et de la Maison-Blanche en 1952.
- L'incident de Rendlesham en Grande-Bretagne les nuits du 27 et 28 décembre 1980.
- La vague des triangles volants en Europe (1990).
- Le vague d'ovnis au Mexique à partir de 1991.
- L'incident de Varginha et la forme de vie extraterrestre capturée au Brésil en 1996.
- Les observations de Phoenix en Arizona (1997).
- Les observations d'ovnis en janvier 2000 dans l'Illinois (comté de Saint Clair).
- *Le rapport Sturrock* et les preuves physiques liées aux rapports d'ovnis.
- La « menace » extraterrestre.
- *Le Rapport COMETA* sur les ovnis et la défense (France).
- Documents gouvernementaux relatifs aux ovnis. ∎

Edgar Mitchell a fait des déclarations fracassantes sur des apparitions d'ovnis au-dessus d'installations nucléaires militaires américaines pendant la guerre froide.

UFOLOGIE

Première partie

Les ambitions du docteur Steven Greer

« Je peux maintenant révéler que chaque jour, aux États-Unis, nos radars repèrent des objets de forme et de nature inconnues. Il y a des milliers de rapports de témoins et quantités de documents qui le prouvent, mais personne ne veut les rendre publics. Pourquoi ? Parce que les autorités ont peur que les gens imaginent une espèce d'horribles envahisseurs... Donc le maître mot demeure : "Nous devons éviter la panique à tout prix". »

L'astronaute Gordon Cooper

Dans le rapport final du *Disclosure Project*, Greer insiste sur le fait qu'il est important que le gouvernement américain révèle tout ce qu'il sait au sujet de la technologie extraterrestre afin de permettre à tous les habitants de la Terre d'améliorer leurs conditions de vie. Il insiste sur le fait qu'avec ces technologies « aliens », non seulement nos industries pourraient se libérer des énergies fossiles très polluantes, mais que nous pourrions également abandonner l'énergie nucléaire au profit d'une énergie abondante, gratuite et propre.

D'après le docteur Greer, les gouvernements qui contrôlent nos systèmes de carburant, d'énergie et d'armement ne veulent pas voir leur pouvoir disparaître du jour au lendemain au profit d'une technologie extraterrestre accessible à tous.

DOSSIER

Steven Greer affirme que certaines expériences contrôlées ont validé le principe de fonctionnement d'un système de propulsion utilisant les effets de l'antigravité.

Voici l'extrait d'une interview que Greer a donnée en novembre 2005 au journaliste Jean-Noël Bassior et qui résume bien ses objectifs et son état d'esprit vis-à-vis de la divulgation :

« En 1990, j'ai appris que l'OTAN et l'armée de l'air belge avaient poursuivi un énorme vaisseau triangulaire d'environ 250 m de côté et je me suis alors passionné pour le sujet des ovnis. Puis, j'ai pris conscience qu'il n'y avait pas la moindre preuve que ceux qui les pilotent soient hostiles ou qu'ils représentent une quelconque menace pour nous. Et pourtant certains projets militaires ont fait des choses stupides et agressives envers eux.

J'ai aussi découvert que certains de leurs engins s'étaient crashés sur Terre et que nous avions pu récupérer des corps extraterrestres de plusieurs races, qui étaient parfois toujours vivants.

En 1993, j'ai pris la décision de mettre en place des réunions d'information sur ces sujets avec des personnes de haut niveau appartenant à la CIA et j'ai suggéré la mise en place d'un organisme d'information public appelé *Project Starlight*. C'est ainsi que le *Disclosure Project* s'appelait au début. La philosophie derrière cette initiative était de rassembler les meilleures preuves disponibles sur les ovnis et leurs occupants qui avaient été rigoureusement vérifiées et identifiées par des militaires, des services de renseignement et des organismes privés spécialisés dans ce domaine.

L'objectif final était de constituer un rapport qui ouvrirait des pistes de réflexion et qui serait remis au président, aux responsables des renseignements, au Congrès, aux dirigeants des Nations Unies et à d'autres dirigeants du monde entier... avant la divulgation finale au grand public !

Je croyais fermement que nous avions l'obligation de donner à nos dirigeants l'évaluation de la situation afin de leur dire : *"Vous devez assumer votre rôle et vos obligations de dirigeants, que cela soit fait directement par vous ou par un groupe extérieur comme celui du* Project Starlight. *Nous vous donnons l'opportunité de mettre fin à la conspiration du silence qui s'est ouverte après la fin de la guerre froide. Il est temps de briser le cycle de la désinformation et du déni pour prendre un nouveau départ."*

Puis le *Project Starlight* a pris tellement d'ampleur que j'ai envisagé de créer le *Disclosure Project*, dont il reprenait le principe, mais dans lequel j'ai décidé d'ajouter les témoignages de nombreux individus crédibles qui m'avaient confié qu'il existait des programmes secrets qui étudiaient les ovnis, y compris leurs systèmes d'énergie et de propulsion.

Ils parlaient d'un tout nouveau type de physique qui permettrait aux humains de générer de l'énergie à

UFOLOGIE

partir de ce qu'on appelle "l'énergie du point zéro". Cette énergie se trouve dans tout l'espace qui nous entoure, pas uniquement l'espace extra-atmosphérique, mais aussi dans l'espace dans cette pièce.
Chaque centimètre cube aurait suffisamment d'énergie pour alimenter la Terre en électricité pendant une journée et nous avons les moyens d'exploiter cette technologie. Elle est même déjà utilisée dans le cadre de programmes noirs. Par exemple, beaucoup d'ovnis observés dans le haut désert de Californie et d'Utah sont en fait des prototypes créés par l'homme, plus précisément par Lockheed Martin Skunk Works qui a construit d'énormes vaisseaux qui tournent autour de la Terre et qui sont propulsés par l'antigravité (NDLR : Steve Justice, membre de la To The Star Academy, était l'ancien directeur des systèmes avancés chez Lockheed Martin Skunk Works).
Je connais les bâtiments où tout ça se passe.
Ces informations doivent sortir pour que les gens connaissent la vérité, même si ces technologies doivent rendre obsolètes les industries fossiles et l'énergie nucléaire.
L'entité qui gérait ce genre de secret s'appelait auparavant le Majestic-12, mais le dernier terme que j'ai entendu pour parler de ce groupe réorganisé était le PI-40. Nous avons un certain nombre de documents qui prouvent l'existence de ce groupe, y compris des écoutes de Marilyn Monroe la veille de sa mort qui n'ont jamais été déclassifiées.
Elle menaçait alors de tenir une conférence de presse pour dire au monde entier ce que John Fitzgerald Kennedy lui avait dit lors d'une conversation sur l'oreiller, c'est-à-dire qu'il avait vu les débris d'un véhicule extraterrestre dans une "base aérienne secrète". Elle a été assassinée pour ça... (voir notre dossier sur le MJ-12 dans *Ikaris* HS 6).
La quête et les efforts que je mène pour que la vérité éclate sont comme la pierre du mythe de Sisyphe qui redescend sans cesse en bas de la montagne, c'est une sorte de défi prométhéen. Lawrence Rockefeller m'a d'ailleurs dit un jour : *"C'est merveilleux que vous fassiez cela, c'est si important. Mais je crains que vous ne soyez jamais que le bouffon de la cour, que les gens ne vous prennent jamais au sérieux."*
Et j'ai répondu : *"Eh bien soit, mais au moins j'aurai eu le mérite d'essayer."*
Le *Disclosure Project* est là pour ça, il présente deux aspects de la révélation. Le premier concerne la technologie et le second consiste à obtenir une présence beaucoup plus importante dans la presse et les médias grâce à tous les témoins qui se sont présentés en mai 2001, en particulier ceux impliqués dans les technologies avancées et ceux qui ont vu des ovnis. Le facteur limitant est le financement, car en faisant quelque chose de sérieux, il n'y a pratiquement pas d'argent disponible.

Le *Disclosure Project* a fait témoigner des dizaines de militaires et fourni des documents gouvernementaux qui prouvent que les ovnis existent et que certains d'entre eux sont fabriqués par des humains ayant hérité de systèmes révolutionnaires d'énergie et de propulsion (ci-dessous une illustration de l'ovni observé à Phoenix en 1997 et présenté parmi les cas majeurs d'événements ufologiques dans le rapport final du *Disclosure Project*).

DOSSIER

et il m'a répété encore et encore : "la dernière carte, la dernière carte, la dernière carte sera la menace extra terrestre".

Dr. Carol Rosin

J'ai été présentée au Dr Werner Von Braun, le père de la science des fusées,

Le *Disclosure Project* a eu pour effet d'identifier des militaires et des personnes du renseignement qui étaient disposés à se manifester et à divulguer ce qu'ils savaient sur les ovnis. Wernher von Braun et le docteur Carol Rosin avaient déjà mis en garde contre un canular qui utiliserait la menace extraterrestre pour militariser l'espace.

Nos visiteurs extraterrestres attendent que nous grandissions et que nous cessions de détruire la Terre. C'est sans doute la condition préalable qu'ils nous imposent avant de pouvoir rejoindre "le club interplanétaire", et nous n'en sommes tout simplement pas encore là. C'est le plus grand défi à venir pour la race humaine. J'ai beaucoup d'espoir. En fait, je ne doute pas que le résultat sera à la hauteur de nos rêves, que ces technologies réhabiliteront complètement l'environnement de la Terre et que cela arrivera de notre vivant... »

POUVONS-NOUS FAIRE CONFIANCE AU DOCTEUR STEVEN GREER ?

Depuis une dizaine d'années, certains ufologues ont des doutes sur la sincérité du docteur Steven Greer, car ils le soupçonnent d'être un agent double infiltré parmi eux dans le but de propager de la désinformation au sujet d'une fausse invasion extraterrestre à venir (voir notre dossier dans Ikaris HS 06 sur Wernher von Braun et Carol Rosin). Selon eux, Greer aurait un agenda secret caché... Nous avons essayé de vérifier ces rumeurs et nous n'avons rien trouvé sur lui qui pourrait laisser penser qu'il travaille pour « le côté obscur » et que tous ses efforts en faveur de la divulgation ne soient en fait qu'une manipulation.

Ceux qui propagent ces bruits lui reprochent d'avoir fait cette déclaration qu'ils jugent irresponsable :
« *Les États-Unis n'ont aucun contact permanent avec une race extraterrestre en particulier et toutes les abductions sont des opérations militaires de type MILAB* » (voir *Ikaris* 12 page 33 et le témoignage de Miesha Johnston sur les abductions militaires).
Il y a aussi eu une étrange altercation lors du congrès européen d'exopolitique de Barcelone qui s'était déroulé en juillet 2009. Certains chercheurs présents ont déclaré qu'ils avaient été intimidés par le docteur Greer quand ils lui ont parlé de leurs propres appareils à énergie libre. Ils disaient avoir été méprisés et insultés, mais il s'agissait sans doute d'un malentendu. Cet incident suspect visait peut-être aussi à déstabiliser Steven Greer avant une réunion internationale de premier plan. En effet, il a toujours dit qu'il voulait aider ceux qui cherchaient à développer des appareils à énergie libre et il a partagé sur son site les plans de l'inventeur Paul Pantone qui est une référence dans ce domaine.
Le docteur Greer nous semble donc sincère quand il dit vouloir mettre en lumière l'énergie libre et nous considérons infondées les rumeurs qui l'accusent d'avoir un plan pour monter le scénario d'une fausse invasion extraterrestre.

∎

UFOLOGIE

Deuxième partie

Le *Disclosure Project* a-t-il été inspiré par le *Rapport COMETA* ?

Le *Rapport COMETA* est en effet antérieur au *Disclosure Project*. Il a été publié en France en 1999 par un comité privé présidé par le général Denis Letty, soit deux ans avant celui du docteur Greer. Après trois années de travail, c'est Jean-Jacques Velasco qui l'avait remis en main propre à Lionel Jospin, qui était alors Premier ministre. Ce rapport de 90 pages avait reçu immédiatement un écho médiatique mondial, suivi de la publication d'un ouvrage intitulé *Les OVNIS et la Défense : À quoi devons-nous nous préparer ?* (Collectif d'auteurs COMETA).

Lorsque ce rapport a été remis au Premier ministre, il n'y a eu aucune réaction officielle en France, mais c'est certainement lui qui a inspiré le docteur Greer dans son initiative.
D'ailleurs, *Le Rapport COMETA* est cité à de nombreuses reprises dans le compte rendu du *Disclosure Project* où il est notamment spécifié en caractères gras que *« les auteurs du Rapport COMETA concluent à la réalité physique quasi certaine des ovnis et que l'hypothèse extraterrestre leur paraît la plus probable ou la plus crédible. »*
Nous y reviendrons en détail dans la suite de ce dossier, mais signalons déjà que *Le Rapport COMETA* était une sorte de signal pour recommander aux gouvernements

Le rapport COMETA avait pour objectif de sensibiliser les pouvoirs publics et la population au phénomène ovni.

DOSSIER

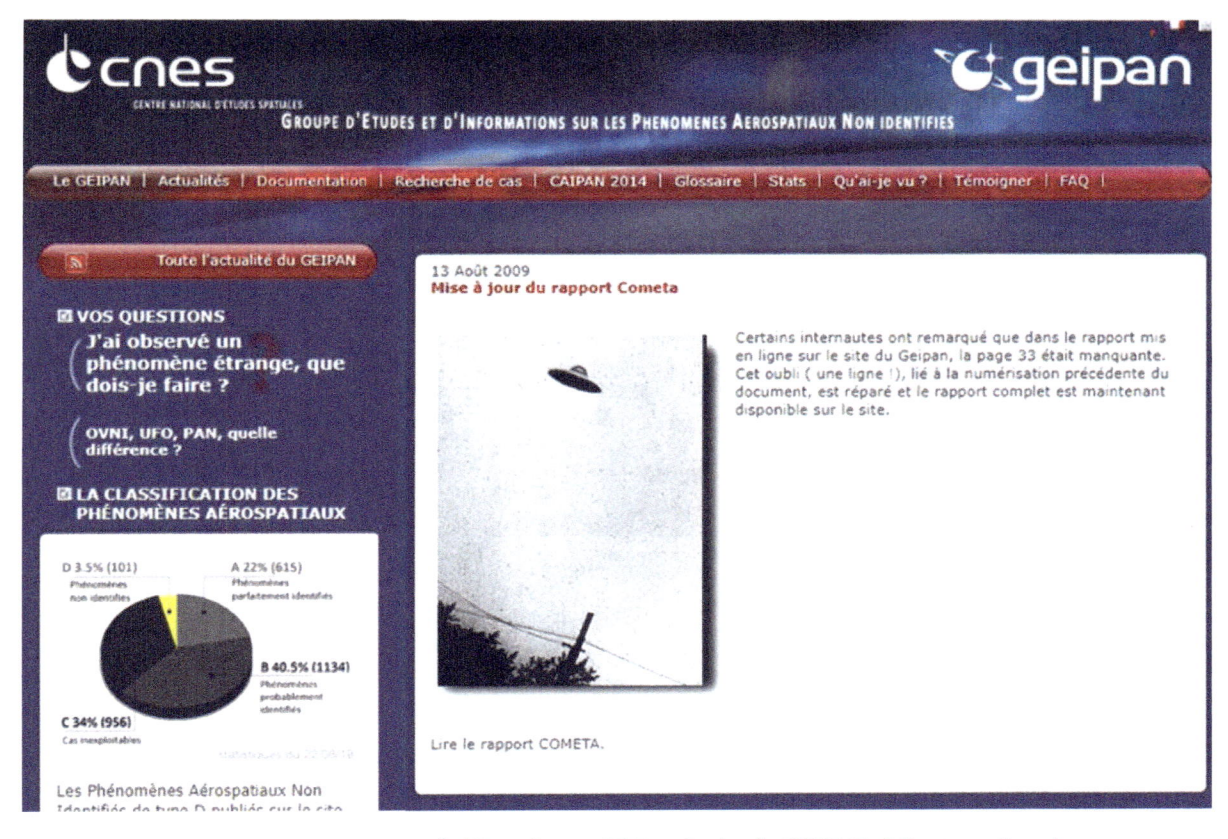

Le Rapport COMETA est consultable au format PDF sur le site du GEIPAN où il est mentionné que « le Comité de pilotage du GEIPAN a pu juger du sérieux de ce travail ».

du monde entier de mettre en place une politique d'ouverture et de divulgation au sujet des ovnis. On retrouvera ces recommandations presque à l'identique en conclusion du *Disclosure Project* qui liste les constats suivants :
« - Certains ovnis sont des vaisseaux spatiaux pilotés par des entités biologiques extraterrestres provenant d'autres planètes, et très probablement d'autres systèmes solaires. La diversité des tailles et des formes des extraterrestres observés est due à leurs différentes origines.
- Ces êtres ont des installations dans notre système solaire et peuvent aussi avoir des bases temporaires sur Terre, en particulier sous les océans.
- Le contact soudain et totalement ouvert avec la civilisation humaine a été évité en raison d'un certain nombre de facteurs interdépendants, dont la nécessité d'éviter une perturbation intempestive de la civilisation terrestre, y compris des bouleversements militaires, politiques, géopolitiques, culturels, économiques, technologiques et religieux.
- La société humaine doit être préparée et s'habituer au fait qu'il existe d'autres êtres intelligents dans l'univers et que des contacts bilatéraux entre eux et les hommes se produiront dans un avenir raisonnablement proche. Un contact soudain et à grande échelle n'aura lieu qu'en cas d'urgence mondiale importante (d'origine humaine ou naturelle).
- Le gouvernement américain, au minimum au niveau d'un groupe top secret hautement compartimenté, connaît l'existence de ces ovnis et de leurs occupants depuis au moins 1947.
Un secret strict a été maintenu pour éviter la panique publique et des perturbations sociales dans le contexte d'un monde en proie aux tensions de la guerre froide, aux incertitudes et aux méfiances quant à l'intention des extraterrestres.
- Nos armées ont été consternées par leur incapacité militaire et humaine à sécuriser l'espace aérien mondial contre les pénétrations répétées de ces ovnis.
- Le gouvernement américain possède plusieurs engins d'origine extraterrestre et les corps de plusieurs entités biologiques extraterrestres (EBE) décédés.
- Les intentions ultimes des extraterrestres ne sont pas hostiles et n'incluent pas l'acquisition ou l'assujettissement de la Terre et de ses peuples. »

UFOLOGIE

Ces conclusions issues du *Disclosure Project* ont été depuis unanimement saluées par les ufologues du monde entier et elles ont certainement ouvert quelques consciences...
Mais rappelons-nous qu'elles ont été initialement présentées en mai 2001 et que quelques mois plus tard, le 11 septembre 2001 est arrivé...
Puis compte tenu de la mise en place de l'US Patriot Act et d'autres événements, y compris la guerre en Irak, le Congrès américain s'est complètement désintéressé du dossier et la communauté ufologique internationale a été une victime de plus de ces terribles attentats.
Pour récapituler, tous les efforts mis en œuvre pour identifier les meilleures preuves scientifiques et témoins gouvernementaux, informer et conseiller les dirigeants mondiaux, les membres du Congrès, le Pentagone et l'ONU ont été balayés du jour au lendemain par les événements de New York !
Pour le président des États-Unis et le Congrès, les conclusions du *Disclosure Project* sont passées totalement inaperçues, bien qu'ironiquement de nombreux membres du Congrès et des hauts responsables de l'état-major interarmées avaient participé à son élaboration...

Finalement, il aura fallu attendre 2018 pour qu'une nouvelle initiative privée similaire se mette en place avec Luis Elizondo et la To The Star Academy.
La TTSA a repris le flambeau derrière le docteur Greer en affirmant que les États-Unis étaient aujourd'hui en mesure de mettre au point des dispositifs de propulsion à antigravité pleinement opérationnels et de nouveaux systèmes de production d'énergie issus de la technologie extraterrestre !
Nous vous donnons rendez-vous dans les prochains numéros pour la suite de ce dossier. Nous nous intéresserons au contenu proprement dit du rapport avec les déclarations de différents témoins invités et les cas présentés tels que :
Washington (1952), l'incident de Rendlesham (1980), la vague d'ovnis des années 90, la vague du Mexique à partir de 1991, l'incident de Varginha et l'EBE capturée au Brésil en 1996, l'observation de Phoenix en Arizona (mars 1997), la « menace » extraterrestre, les détails du *Rapport COMETA* et enfin les plateformes volantes noires observées en janvier 2000 par cinq policiers et des centaines de témoins en Illinois (comté de Saint Clair).
À bientôt.

■

Le « triangle » de Saint Clair observé par cinq officiers de police en Illinois le 5 janvier 2000. L'engin triangulaire massif et silencieux se déplaçait à une altitude et à des vitesses inhabituelles au niveau de la cime des arbres.

Reconstitution de l'observation de l'ovni au-dessus du comté de Saint-Clair.

L'exploration continue...
Abonnez-vous !

UFOLOGIE

20 ans après le rapport COMETA... nous ne sommes toujours pas préparés !

« Ce rapport très sérieux ne conclut pas sur la nature des phénomènes observés. Il émet cependant le constat que si l'hypothèse extraterrestre n'est pas prouvée scientifiquement, il existe en sa faveur de fortes présomptions. Ce constat constitue le prélude à quelques recommandations de bon sens adressées aux plus hautes autorités civiles et militaires de l'État et destinées à préparer les différents services concernés à réagir avec le maximum d'intelligence dans la cas où ce qui n'est aujourd'hui qu'une hypothèse se transforme en évidence. »
Yves Sillard (comité de pilotage du GEIPAN)

Le rapport COMETA est antérieur à celui du *Disclosure Project*. Il a été publié en France en 1999 par un comité privé présidé par le général Denis Letty, soit deux ans avant celui du docteur américain Steven Greer.

Après trois années de travail, c'est Jean-Jacques Velasco (dirigeant du GEPAN à partir de 1983 puis du SEPRA en 1988) qui l'avait remis en main propre à Lionel Jospin, qui était alors Premier ministre sous la présidence de Jacques Chirac.

Le rapport COMETA était une sorte de signal pour recommander au gouvernement de se préparer à toute manifestation extraterrestre sur Terre. Il a inspiré le docteur Steven Greer pour mener une démarche similaire aux États-Unis.

DOSSIER

Le 16 juillet 1999, le magazine *VSD* hors-série consacré au rapport COMETA et écrit par d'anciens auditeurs de l'Institut des hautes études de la défense nationale (IHEDN) a été vendu à 70 000 exemplaires.

Ce rapport de 93 pages a immédiatement reçu un large écho médiatique dans le monde entier et il a été suivi de la publication d'un ouvrage reprenant son contenu intitulé *Les ovnis et la Défense : À quoi devons-nous nous préparer ?* (Collectif d'auteurs COMETA). Lorsque le rapport a été remis au Premier ministre, il n'y a pas eu de réaction officielle en France, mais l'impact médiatique a été mondial. C'était la première fois que des militaires de haut rang s'unissaient pour conseiller leur gouvernement sur des mesures préventives à mettre en place consécutivement à des observations multiples et répétées de phénomènes aériens non identifiés…

PRÉSENTATION ET CONTENU DU RAPPORT

Le COMETA (acronyme de COMité d'ÉTudes Approfondies) s'est constitué en 1996 sous la forme d'une association qui avait pour objectif d'étudier le phénomène ovni et de divulguer au grand public l'état des connaissances acquises dans ce domaine par l'intermédiaire d'un rapport d'experts provenant pour la plupart de l'Institut des hautes études de la défense nationale (IHEDN).

Ce comité « privé » était présidé par le général Denis Letty et comptait dans ses rangs le général Domange de l'Armée de l'air, Edmond Campagnac (ancien directeur technique d'Air France), le Pr André Lebeau (ancien président du Centre national d'études spatiales [rédaction du préambule]),

Si le re rapport est catégorique concernant la présence d'ovnis dans nos cieux, la notion de « visiteurs extraterrestres » reste cependant au stade « d'hypothèse la plus probable ».

57

UFOLOGIE

Bernard Norlain (général de l'Armée de l'Air et ancien directeur de l'IHEDN [préface]) ou encore Jean-Jacques Velasco.

Le rapport en lui-même est un « ovni ». Il traite de sécurité et de défense nationale, mais il n'a pas été commandité par l'État français et, quand il est diffusé massivement dans la presse trois mois après avoir été remis au Premier ministre, il fait l'effet d'une bombe dans le grand public et chez les ufologues (Magazine *VSD* hors-série, 1999).

Si le rapport reçoit un écho médiatique totalement inattendu, il ne fait pourtant l'objet d'aucun commentaire ni d'aucune réaction officielle de l'État. Il est d'ailleurs aujourd'hui plus connu aux États-Unis qu'en France, car il a été largement montré en exemple par les acteurs du *Disclosure Project* dans l'objectif de montrer au gouvernement américain la voie à suivre en matière de divulgation sur le phénomène ovni/extraterrestre.

Le rapport est découpé en trois parties plus une conclusion. La première compile des cas ufologiques français ou étrangers étudiés depuis une soixantaine d'années, la seconde fait le point sur l'état de la recherche, et la troisième se concentre sur des recommandations qui concernent la Défense nationale. Quant à la conclusion, elle insiste sur *« la réalité physique quasi certaine des objets volants non identifiés »* et suggère qu'au vu des prouesses mesurées par certains engins (particulièrement lorsque des enregistrements radar existent), l'hypothèse extraterrestre paraît la plus « probable » ou la plus « crédible ». Passons ce contenu en revue...

COMPOSITION DU RAPPORT COMETA
La première partie comprend :
- Témoignages de plusieurs pilotes français : M. Giraud, pilote de Mirage IV (7 mars 1977), témoignage d'un pilote de chasse (3 mars 1976), vol Air France AF 3532 (commandant Jean-Charles Duboc, 28 janvier 1994).
- Plusieurs cas d'observation d'ovnis dans le monde et de rencontres rapprochées :
Valensole (Alpes-de-Haute-Provence [1er juillet 1965]), Cussac (Cantal [29 août 1967]), Trans-en-Provence (Var [8 janvier 1981]), Nancy (Meurthe-et-Moselle, affaire dite de l'Amarante [21 octobre 1982]), phénomène ovni observé par de nombreux témoins à Tananarive (16 août 1954), une intense lueur observée dans un village des Dombes (10 mars 1979), cas à témoins multiples dans une base de missiles russe (28 et 29 juillet 1989).
- Des cas aéronautiques solides répertoriés dans le monde : Lakenheath (Royaume-Uni, le 13 et 14 août 1956), l'avion RB-47 aux États-Unis (17 juillet 1957), la rencontre de Téhéran (18 au 19 septembre 1976), observation en Russie (région de Pereslavl-Zalesski, à l'est de Moscou, 21 mars 1990), San Carlos de Bariloche dans les Andes centrale (31 juillet 1995).

La deuxième partie fait le point sur :
- Les connaissances et l'organisation de la recherche en France, aux États-Unis, au Royaume-Uni et en Russie (Méthode et résultats issus du GEPAN/SEPRA).
- Les hypothèses au sujet des technologies utilisées dans la propulsion des ovnis (impulsions planétaires ou stellaires, propulsion MHD).
- L'organisation de la recherche secrète en France et à l'étranger (armes secrètes développées par les grandes puissances mondiales, création d'images holographiques, étude sur les arrêts de moteurs de véhicules terrestres ou la paralysie locomotrice de certains témoins confrontés au phénomène ovni/extraterrestre, hypothèses scientifiques).

La troisième partie examine :
- Les différentes mesures à prendre en matière de défense et d'information des pilotes civils et militaires.
- Les conséquences stratégiques, politiques et religieuses dans le cas d'une confirmation de l'hypothèse extraterrestre (que faire ? prospectives stratégiques et implications aéronautiques, scientifiques et techniques, politiques, religieuses et médiatiques).

Le rapport COMETA est aujourd'hui disponible gratuitement et en libre consultation sur le site du GEIPAN. Il y est précisé que cette mise à disposition des internautes ne signifie en aucun cas une approbation du rapport par le CNES (taper « geipan rapport cometa » dans un moteur de recherche pour le trouver).

DOSSIER

Synthèse des actions recommandées par le *Disclosure Project* et le rapport COMETA.
Le risque du manque de préparation en cas de manifestation ovni…

Le rapport estime que tous les présidents français depuis la fin de la Seconde Guerre mondiale connaissaient la réalité du phénomène ovni, mais qu'au cours de ces dernières décennies, leurs connaissances et leur capacité à s'occuper de ces sujets sont devenues extrêmement limitées.

Si demain matin des ovnis/extraterrestres venaient à se manifester de façon indiscutable, dans l'état actuel des choses, notre gouvernement serait certainement obligé de déplorer qu'il ignore tout de ce sujet si important. Les conséquences de cette impréparation pourraient être catastrophiques pour notre civilisation. La stature et la crédibilité présidentielles en seraient alors considérablement endommagées.

Cependant, si devant le fait accompli le président et le pouvoir exécutif révélaient qu'ils connaissaient le sujet et ses implications depuis des décennies, leur crédibilité gouvernementale en serait certes affectée, mais la confiance pourrait être rétablie.

Il faudrait donc, dans cette éventualité, commencer dès maintenant à expliquer que le gouvernement et les militaires avaient jusque-là choisi de ne pas divulguer leurs connaissances au grand public, mais qu'ils ne souhaitaient plus dissimuler la vérité plus longtemps. Et que par conséquent, malgré les risques qu'une

La troisième partie du rapport COMETA précise que *« s'il est vrai qu'aucune action hostile n'a encore été prouvée de la part des ovnis, quelques actions "d'intimidation" ont été enregistrées en France »* (cas par exemple de l'ovni qui s'est installé derrière le de Mirage IV du pilote M. Giraud le 7 mars 1977).

UFOLOGIE

L'Air Force a toujours choisi le déni face aux manifestations ovnis, ou plus précisément choisi de dire :
« *qu'il n'y a pas de menace pour la sécurité nationale* ». Mais les choses semblent évoluer depuis les
déclarations du Pentagone dans le dossier du porte-avions Nimitz.

divulgation à propos des ovnis ferait courir à nos populations, ils avaient décidé de lever progressivement le voile du secret.
Dans cet objectif, le rapport COMETA (et le *Disclosure Project*) recommande à nos institutions politiques des actions énergiques à mener au plus vite pour démarrer ce processus de « transparence ».
Ce choix difficile d'entamer la divulgation sur le phénomène ovni/extraterrestre appartient au président. Il pourrait par exemple suivre les étapes suivantes, ou en privilégier une plus particulièrement :
1) Présenter un décret exécutif libérant les témoins des serments de sécurité nationale auxquels ils peuvent être soumis (même si leurs informations ont été obtenues illégalement).
2) Convoquer une commission indépendante, juste et ouverte pour enquêter au sujet de la technologie des ovnis, afin qu'elle puisse bénéficier à l'humanité dès qu'elle sera libérée.
3) Soutenir la déclassification des documents gouvernementaux liés au sujet ovni/extraterrestre (un processus qui a déjà commencé aux États-Unis par le biais du *Freedom of Information Act*).
4) Émettre un décret portant amnistie pour les membres des groupes et les personnels qui contrôlent des secrets au sujet des ovnis/extraterrestres (à condition qu'il y ait coopération et non-ingérence de ce groupe dans le processus de divulgation).
5) Diffuser une conférence télévisée internationale sur la question des ovnis/extraterrestres, afin de commencer à mettre en place un processus destiné à restaurer la confiance du public dans leurs gouvernements et les principes démocratiques.
6) Créer par décret une nouvelle organisation de recherche scientifique afin de développer des technologies issues des ovnis et qui pourraient être utilisées dans l'objectif de résoudre nos problèmes énergétiques. Certaines activités de « projets noirs » qui semblent opérer en dehors de la chaîne de commandement constitutionnelle devraient également être abandonnées pour être intégrées dans une boucle de recherche transparente.

Actions recommandées aux hauts responsables militaires et aux organismes de sécurité nationale :
1) Tenter un engagement pacifique et coopératif avec toute forme de vie extraterrestre identifiée et éviter assidûment un engagement militaire violent.
2) Repenser soigneusement le déploiement des armes militaires spatiales à la lumière des informations ci-dessus et éviter toute action qui pourrait être considérée comme belliqueuse ou

DOSSIER

hostile par les formes de vie extraterrestres circulant dans l'espace ou à proximité de la Terre.

Actions recommandées pour la communauté scientifique :

1) Les scientifiques doivent avoir l'esprit ouvert à la possibilité du phénomène ovni/extraterrestre, et cesser leurs préjugés sur ceux qui font des recherches dans ce domaine.

2) Les scientifiques qui détiennent des informations dans le cadre de projets de recherche secrets sur les ovnis/extraterrestres devraient partager leurs acquis et connaissances avec leurs collègues scientifiques, afin de faciliter et accélérer la recherche dans ce domaine.

3) Les scientifiques financés par le gouvernement devraient consacrer une petite partie de leur budget à la recherche « hors des sentiers battus », c'est-à-dire dans la direction des ovnis. Cela contribuerait à en faire un domaine de recherche légitime et reconnu.

4) Enfin, les scientifiques devraient se rendre compte au plus vite que d'immenses progrès dans la science et la physique pourraient provenir d'une compréhension du phénomène ovni. Ces travaux auraient potentiellement des effets de grande envergure sur l'avenir de nos approvisionnements énergétiques et sur l'environnement de notre planète.

CONCLUSION

Si l'hypothèse extraterrestre (HET) est privilégiée par les auteurs du rapport COMETA, ceux-ci précisent cependant que ce n'est qu'une des hypothèses autour de la réalité du phénomène ovni. En se focalisant sur des cas réputés « inébranlables », les auteurs ont souhaité sensibiliser le gouvernement sur les questions sécuritaires qui entrent dans le cadre de la défense nationale. Mais malheureusement, 20 ans plus tard aucune suite n'a été donnée par nos gouvernements successifs à cette initiative privée...

Le constat a été sensiblement le même à la suite de la parution du *Disclosure Project* en 2001. Depuis 1947 et l'événement de Roswell, l'attitude des États-Unis a toujours été le déni ou la désinformation vis-à-vis du phénomène ovni/extraterrestre. Ils ont toujours fait le choix du secret politique et militaire face aux manifestations du phénomène, sans doute avec l'objectif de conserver leur supériorité technologique et militaire face aux autres nations du monde. Cette domination aurait d'ailleurs pu être maintenue depuis 70 ans grâce à l'étude des ovnis...

Bien que la sélection des cas présentés dans le cadre du *Disclosure Project* et du rapport COMETA soit limitée, elle semble cependant suffisante pour convaincre un lecteur non averti, mais ouvert d'esprit, de la réalité du phénomène ovni.

En conclusion, on pourrait dire qu'une seule

Comment gérerions-nous un contact avec une civilisation beaucoup plus avancée que la nôtre ? La question n'est pas nouvelle pour les ufologues, mais le COMETA demande qu'elle soit traitée sérieusement au plus haut niveau de l'État. L'origine extraterrestre des ovnis ne pouvant être exclue, il est nécessaire d'étudier les conséquences de cette hypothèse au niveau stratégique, mais aussi politique, religieux et médiatique.

V (série télévisée américaine, 1983).

UFOLOGIE

hypothèse rend suffisamment compte des faits et est en accord avec l'état de nos connaissances actuelles, c'est celle de visiteurs extraterrestres.

Si les objectifs de ces éventuels visiteurs restent toujours inconnus, ils doivent tout de même faire l'objet d'indispensables spéculations afin de permettre la mise au point de scénarios prospectifs dans le but de parer à toute éventualité.

Car même si elle n'est pas prouvée, l'hypothèse extraterrestre nous semble également être la meilleure hypothèse scientifique. Il existe en sa faveur de fortes présomptions, et si elle s'avérait exacte, elle pourrait avoir un jour d'importantes conséquences sur notre civilisation...

Il faudrait donc imaginer dès maintenant toutes les conséquences possibles d'une rencontre « les yeux dans les yeux avec les extraterrestres » et disposer d'un budget annuel conséquent pour se préparer à cette éventualité... voire entreprendre le plus vite possible auprès des États-Unis (avec le soutien d'autres États et de l'Union européenne) des démarches diplomatiques pour inciter les superpuissances de ce monde à collaborer entre elles, et au besoin exercer les pressions utiles pour élucider cette question capitale, qui ne peut que s'inscrire dans le cadre d'alliances politiques et stratégiques au niveau international.

L'objectif étant de pouvoir préparer sérieusement les mesures à prendre en cas de manifestation spectaculaire et indiscutable d'ovnis ! ∎

Dans sa conclusion, le rapport COMETA affirme que la réalité physique des ovnis est « quasi certaine » et sous le contrôle d'êtres intelligents.

La question clé du rapport COMETA était « à quelles situations devons-nous nous préparer ? ». Or, malgré ses conseils et ses recommandations en cas d'urgence, rien n'est prêt au niveau de nos gouvernements...

Dans le dossier du porte-avions Nimitz, le Pentagone a confirmé que les vidéos déclassifiées étaient authentiques.

62

LES AVENTURES D'IKE ARIS
« ENQUÊTEUR DU MYSTÈRE »

EXOPOLITIQUE

Première partie

Ovnis : Space Force, Donald Trump, CIA, Navy, Groupe de travail sur les phénomènes aériens non identifiés…

Le jour où un ancien général israélien a révélé l'existence des extraterrestres….

> « *Un accord fut passé pour qu'en échange d'une technologie avancée, des aliens puissent enlever un petit nombre d'individus. Périodiquement, ils devaient nous remettre une liste des personnes abductées. Après quelques années, nous obtînmes moins en technologie que ce que l'on attendait, puis nous découvrîmes que les abductions excédaient un millier de fois ce que nous avions naïvement accordé.* »
> John Lear (ancien pilote et agent de la CIA lors d'une interview à la radio *Coast to Coast* en 2003)

En décembre 2020, Haim Eshed (ancien ministre de la Défense israélien) a affirmé lors d'une interview avec le journal national israélien *Yediot Aharonot* que le gouvernement des États-Unis était en contact avec la vie extraterrestre depuis des années, et que des humains avaient signé des accords secrets avec une « fédération galactique » afin de faire des expériences sur Terre et de nouer des accords secrets à long terme.

L'Israélien a même ajouté qu'il existait une base souterraine sur la planète Mars où des astronautes américains coopéraient avec des aliens… Puis, il a terminé son interview en affirmant que le président américain Donald Trump était au courant de tout cela, et qu'il était « sur le point » d'informer le monde de leur existence quand il en a été dissuadé par la fédération galactique, qui souhaitait éviter l'hystérie de masse… Voilà une déclaration qui n'est pas passée inaperçue dans la communauté ufologique !

Haim Eshed a les qualifications et le profil d'un « homme de l'ombre » qui a peut-être été membre du *Majestic 12* (voir la liste présumée dans *Ikaris HS 6*).

DOSSIER

Voici ce que l'ancien chef de la sécurité spatiale israélienne a déclaré au mois de décembre 2020 : « *Donald Trump savait que les extraterrestres existent et qu'une fédération galactique attend que les humains atteignent un stade où nous serons en mesure d'accepter et de comprendre ce que sont vraiment l'espace et les vaisseaux spatiaux des extraterrestres* ».

Alors que penser des déclarations d'Haim Eshed ? C'est soit une sorte de blague, soit un coup de publicité pour faire vendre son livre, soit un message sincère avec une part de vérité sur laquelle nous allons nous pencher tout au long de ce dossier afin d'en avoir le cœur net.
Sur *NBC News*, Nick Pope (journaliste et ancien employé du gouvernement britannique du ministère de la Défense) a été l'un des premiers à s'exprimer sur les déclarations de l'Israélien :
« *La communauté ufologique est enthousiasmée face à cette perspective, mais beaucoup de questions subsistent. On aimerait savoir notamment si Haim Eshed fait ces déclarations à partir de ses connaissances et expériences personnelles directes ou s'il répète quelque chose qu'on lui aurait dit. Il y a encore des pièces manquantes au puzzle.* »
Globalement, Haim Eshed a été pris au sérieux, car il est l'ancien ministre de la Défense israélien (nous y reviendrons) et il a été responsable de la sécurité spatiale de son pays pendant plus de 20 ans.
Avant lui, d'anciens astronautes comme Edgar Mitchell ou Gordon Cooper (voir *Ikaris* HS 6) avaient eux aussi déclaré qu'ils n'avaient aucun doute sur la présence

Ces histoires de « bases extraterrestres sur Mars » ont essentiellement été promues par les ufologues Preston Nichols et Peter Moon.

EXOPOLITIQUE

d'extraterrestres sur notre planète et autour d'elle. L'hypothèse selon laquelle certains militaires, astronautes ou responsables politiques ont eu des informations sur le fait que des humains ont été ou sont en contact avec les extraterrestres d'une « fédération galactique » pourrait sembler fantaisiste pour la plupart des gens, mais les ufologues savent bien que ce genre de déclarations n'est jamais anodin ou dénué de toute vérité, il y a toujours derrière une information importante au milieu du brouillard… D'ailleurs, cette partie de la déclaration d'Haïm Eshed n'est pas nouvelle : *« Les extraterrestres auraient demandé aux responsables de notre planète de ne pas révéler leur présence, car l'humanité n'est pas encore prête. »*

C'est une option que nous avions déjà étudiée dans le n° 12 du magazine à travers l'étude du groupe Majestic 12, le briefing Eisenhower et les documents MJ-12 les plus fiables (dont le *Mémo Cutler/Twining*). Tous ces documents montraient déjà sans le moindre doute qu'il existait une organisation qui avait été constituée dès 1947 dans le but de maintenir le secret de la récupération d'une soucoupe volante à Roswell cette année-là.

Et si l'on pense que le *Document d'information Eisenhower* (document déclassifié, répertorié TOP SECRET/MAJIC) est authentique, les propos exprimés en hébreu par Haïm Eshed au journal *Yediot Aharonot* ne sont plus si étonnants que ça…

D'ailleurs, au vu de ses fonctions et de son âge dans les années 80, il a peut-être fait partie de la seconde équipe du MJ-12 à partir de 1984 (le dernier membre du groupe initial, Jérôme Hunsaker, serait décédé cette année-là). Haïm Eshed a-t-il ouvert la boîte de Pandore ? Qui est-il vraiment ?

UNE CARRIÈRE EXEMPLAIRE JUSQU'AU SOMMET DE L'ÉTAT HÉBREU

L'ancien ministre est né en 1933 et sa carrière a été remarquable : professeur de génie aéronautique, officier militaire, membre des Forces de défense israéliennes, membre de l'Institut israélien de technologie, médaillé du prix de la Défense d'Israël, directeur du renseignement militaire, directeur des programmes spatiaux, puis enfin ministre israélien de la Défense. Avec une telle carrière, il est fort probable qu'il ait côtoyé de nombreux responsables d'institutions américaines qui ont été au cœur du secret en rapport avec le dossier « ovni ».

Il a aussi eu de hautes responsabilités et des activités en corrélation avec la sécurité des programmes spatiaux israéliens, et donc fatalement avec les ovnis (rappelons-nous qu'en 1961, alors qu'il travaillait à l'Observatoire de Paris, Jacques Vallée avait observé des satellites dont les trajectoires n'étaient pas compatibles avec leurs directions de lancement.

À l'occasion de collaborations américano-israéliennes sur leurs technologies à partir des années 1970, Haïm Eshed a sans doute, à un moment donné, pris connaissance de multiples programmes hautement classifiés de la DARPA.

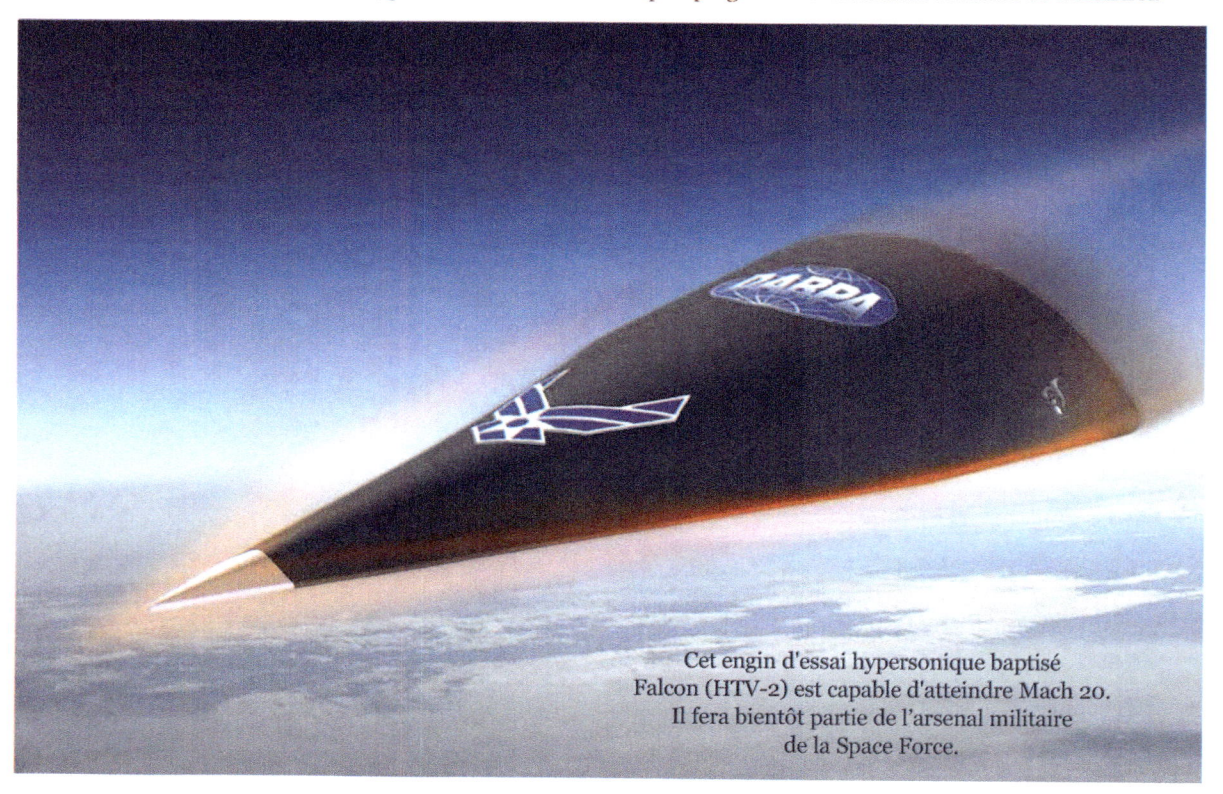

Cet engin d'essai hypersonique baptisé Falcon (HTV-2) est capable d'atteindre Mach 20. Il fera bientôt partie de l'arsenal militaire de la Space Force.

MAJESTIC 12 : UNE ORGANISATION FORMÉE POUR MAINTENIR LE SECRET SUR LA RÉCUPÉRATION D'UNE SOUCOUPE VOLANTE ?

Certains ufologues pensent qu'à partir de 1952, la National Security Agency (NSA) a été créée sur ordre du secrétaire de la Défense américain pour protéger le secret d'une présence extraterrestre sur Terre. Tous les autres départements et agences américaines (CIA, OSI, NSA, ONR, etc.) ne devaient recevoir que des informations parcellaires et limitées en rapport avec les ovnis.

Tous les membres présumés du MJ-12 auraient été choisis pour leurs compétences gouvernementales ou scientifiques. Au cours de leur carrière respective, ils ont tous pu avoir des liens ou des activités secrètes en rapport avec les ovnis.

Le *Document d'information Eisenhower* (que le nouveau président reçut lors de son arrivée à la Maison-Blanche en novembre 1952) ne laisse aucun doute sur le fait que le groupe MJ-12 serait une organisation comprenant 12 membres issus d'un comité secret présumé de scientifiques, de hauts gradés militaires et de représentants du gouvernement américain. Il se serait formé en 1947 sur ordre du président américain Harry S. Truman.
Celui-ci aurait ainsi voulu faciliter la récupération et l'investigation autour d'un ovni qui se serait crashé à Roswell au Nouveau-Mexique.

En 1967, Haim Eshed a reçu à trois reprises le prix de la Défense israélienne (la plus haute distinction de défense civile de l'État d'Israël), cependant les raisons de ces récompenses sont restées classées secret défense.

EXOPOLITIQUE

En effet, Haim Eshed a été directeur des programmes spatiaux pour le ministère de la Défense pendant près de 30 ans, président du Comité spatial du Conseil national pour la recherche et le développement, ministre de la Science, de la Technologie et de l'Espace, et enfin membre du comité directeur de l'agence spatiale israélienne. Alors si des ovnis ont été détectés dans l'orbite terrestre lors de ces 50 dernières années, il en a forcément été informé ! Et quand il a pris sa retraite en 2011, on disait même de lui dans les médias israéliens que c'était le père fondateur du programme spatial de l'État hébreu (qui entre actuellement dans une nouvelle phase de développement). Difficile donc de dire que cet homme ne sait pas de quoi il parle, ou qu'il a perdu la raison quand il s'exprime ainsi sur les ovnis.

D'ailleurs, le fait qu'il ait déclaré que Donald Trump était au courant de « l'existence des extraterrestres » et qu'il avait songé à « révéler » des informations à ce sujet n'est pas vraiment surprenant. En effet, on sait maintenant que le 28 décembre 2020, Donald Trump a inséré à l'intérieur du projet de loi de dépense pour les secours et le financement du gouvernement contre la Covid-19, une clause obligeant les agences de renseignement à révéler ce qu'elles savaient sur les engins non identifiés repérés près des bases militaires américaines ces 70 dernières années.

Puis il a donné 180 jours aux experts du renseignement pour rédiger un rapport officiel sur les observations d'ovnis et leur évolution actuelle dans l'espace aérien nord-américain. Rapport qui sera rendu public autour de l'été ou à l'automne 2021 (voir nos actualités dans *Ikaris* n° 19).

Cette action laisse penser que Donald Trump est bien au courant de quelque chose, mais qu'il ne pouvait pas en parler directement aux Américains sans risquer d'être immédiatement traité de menteur sénile ou que l'on dise de lui qu'il avait définitivement perdu la raison...

Quoi qu'il en soit, Donald Trump n'est plus président des États-Unis et on espère que la passation de pouvoir très mouvementée et houleuse qui a eu lieu entre lui et Joe Biden le poussera à faire bientôt de véritables révélations au grand public...

Cependant, pour l'instant, rien n'a vraiment changé, car les « programmes secrets » relatifs aux forces et aux programmes spatiaux sont totalement exemptés des obligations de rapport régulier au Sénat et au Congrès !

DES ACCORDS DE COOPÉRATION ENTRE HUMAINS ET EXTRATERRESTRES ?

Haim Eshed a aussi déclaré que des accords de coopération avaient été signés avec différentes espèces

Dans son livre *L'univers au-delà de l'horizon,* Haim Eshed affirme que des extraterrestres ont empêché des catastrophes atomiques, y compris un incident nucléaire qui aurait dû se produire lors de l'invasion de la baie des Cochons (Cuba, 1961).

DOSSIER

Haim Eshed affirme qu'en 1954, des extraterrestres auraient demandé aux responsables politiques de notre planète de ne pas révéler leur présence et de maintenir ce secret au sein d'un comité hyper restreint de personnes.

extraterrestres et qu'ils auraient abouti à la construction de bases souterraines dans les profondeurs de Mars (où des astronautes américains se rendraient occasionnellement). Il évoque également un accord secret dans lequel nos « visiteurs » auraient été autorisés à faire... « des expériences » !
De quel type d'expérience s'agit-il ? L'Israélien ne le précise pas... Mais quand on évoque ce sujet, on ne peut s'empêcher de penser à l'hypothèse évoquée par Patrick Apprioual dans son interview avec Élise au sujet des mutilations animales qui furent observées aux États-Unis entre 1960 et 1990. En effet, Patrick nous avait rappelé les déclarations faites par l'électronicien Paul Bennewitz qui pensait avoir découvert une base souterraine secrète peuplée d'extraterrestres de type « Gris ». Ces derniers cohabiteraient avec des humains près de la petite ville de Dulce (Nouveau-Mexique). Selon lui, le « gouvernement secret » américain aurait autorisé les extraterrestres à prélever des organes sur des bovins pour un usage inconnu et indéterminé.
Alors, quand Haim Eshed déclare que « [d]ésormais l'humanité a progressé et elle a atteint un stade où nous serons bientôt prêts à comprendre et à accepter cette "grande révélation" », fait-il allusion à ce genre de choses ?

AUCUNE RÉPONSE OFFICIELLE, AUCUN DÉMENTI, POURQUOI ?

Ni la Maison-Blanche, ni la NASA, ni les nouveaux responsables israéliens de la défense et de l'espace n'ont répondu ou commenté les déclarations d'Haim Eshed. Même Sue Gough, la porte-parole du Pentagone, a refusé de commenter ces propos face à un journaliste qui lui en offrait l'opportunité.
La NASA a aussi écarté les micros tendus par *NBC News* qui lui demandait de réagir aux propos de l'Israélien au sujet des bases martiennes et de l'exploration de la planète rouge.
L'agence spatiale a juste dépêché un porte-parole qui a déclaré que l'un des objectifs clés de la NASA était la recherche de la vie dans l'univers :
« Bien que nous n'ayons pas encore trouvé de signes de vie extraterrestre, la NASA explore le système solaire et au-delà pour nous aider à répondre à des questions fondamentales, notamment pour savoir si nous sommes seuls dans l'univers. » De la bonne langue de bois... Mais pas un mot cependant pour démentir les propos de l'Israélien ! Haim Eshed semble pourtant avoir conscience que les choses changent malgré tout et il dit avoir observé des attitudes plus réceptives vis-à-vis de l'hypothèse d'une visite extraterrestre sur notre planète :

EXOPOLITIQUE

« *Si j'avais dit la même chose il y a seulement cinq ans, j'aurais été hospitalisé d'office. Aujourd'hui, ils parlent déjà différemment et on n'ose pas me traiter de dément. Je n'ai rien à perdre. J'ai reçu tellement de diplômes et de récompenses que j'ai acquis le respect dans mon pays et dans le reste du monde.* »

LA CRÉATION DE LA *SPACE FORCE* ET DU *SPACE COMMAND*

Rappelons que c'est le 29 août 2019 que le président Donald Trump a officiellement acté la naissance de l'*US Space Command* en tant que 11ᵉ commandement unifié du département de la Défense. Puis le 20 décembre 2019, il a chargé le Pentagone de se concentrer sur la protection des ressources spatiales américaines et de renforcer la posture de l'armée dans l'espace via l'*US Space Force* (USSF).
Officiellement, l'USFF sera là pour dissuader toute agression de la part de pays potentiellement adversaires des États-Unis, mais dans le contexte où les membres cette nouvelle branche de l'armée seront appelés « les Gardiens » (de la galaxie ?), on se demande qui pourraient être les futurs ennemis de l'Amérique…
L'USSF a été créée au sein du département de l'Armée de l'Air, ce qui signifie que le secrétaire de l'Air Force a la responsabilité globale de l'USSF, sous la direction du secrétaire à la Défense. De plus, un général quatre étoiles appelé chef des opérations spatiales (CSO) en sera le principal commandant. Chaque branche de l'armée des États-Unis aura donc ses propres troupes :

22 juillet 2020 au Pentagone : l'*US Space Force* dévoile son logo et sa devise en latin : *Semper Supra* (« Always Above » ou « Toujours au-dessus »).

soldats, marins, aviateurs et gardiens.
Signalons enfin que l'insigne de l'USSF rappelle fortement le logo du *Starfleet Command* de la série *Star Trek* (même si le Pentagone a déclaré que ce symbole faisait partie de son histoire).
De toute façon, il ne fait guère de doute que les premiers vaisseaux spatiaux qui équiperont ce nouveau corps d'armée s'appelleront soit l'Enterprise, le Nostromo, le Faucon Millenium ou encore le Prométhée ! ∎

En mai 2020, quand on lui a présenté le nouveau drapeau des Forces spatiales américaines, Donald Trump a déclaré : « *L'espace sera l'avenir, à la fois en termes de défense et d'attaque. Nous sommes maintenant les leaders mondiaux.* »

DOSSIER

Deuxième partie

Les déclarations stupéfiantes de John Brennan, Paul Hellyer et Harry Reid

L'histoire d'une divulgation qui a déjà commencé

« Nous savons que des choses inhabituelles se sont produites régulièrement depuis des décennies et nous savons que dans le Dakota une installation de lancement de missiles a été désactivée en raison d'un événement toujours inexpliqué. Rappelons aussi qu'au large de San Diego des pilotes ont observé des choses inhabituelles dans l'eau et sous l'eau. Tous ces faits doivent nous mettre en état d'alerte. »
Harry Reid (déclaration du sénateur du Nevada au Congrès des États-Unis)

John Brennan, l'ancien directeur de la Central Intelligence Agency (CIA), est intervenu le mercredi 16 décembre 2020 dans l'émission *Le podcast de Tyler Cowen* dans l'objectif de présenter sa vision personnelle du phénomène ovni. Il a évoqué l'origine de ce que l'on appelle aux États-Unis les UAP (Unidentified Aerial Phenomena). Bien entendu, il n'a pas pu dire d'où venaient ces engins, mais il a évoqué clairement la possibilité qu'ils ne soient pas originaires de notre planète. Et quand il aborde ce sujet, John Brennan sait de quoi il parle. Il a été directeur de la CIA entre mars 2013 et janvier 2017, après avoir passé le début de sa carrière au sein de la direction du renseignement (DI), la branche qui étudie les facteurs de risques et qui répertorie les différentes menaces qui pèsent sur les États-Unis. Interrogé par le journaliste Tyler Cowen sur la façon dont il interprétait certaines vidéos d'ovnis, en particulier celles capturées par des pilotes de la Marine (ces vidéos sont maintenant connues sous les noms *FLIR1*, *Gimbal* et *GoFast*. Elles ont été révélées et diffusées par le *New York Times* et la *To The Stars Academy of Arts & Sciences* [TTSA] de Tom DeLonge en 2017), John Brennan a déclaré qu'elles étaient vraiment « solides » et qu'il était

John Brennan (nommé directeur de la CIA par Barack Obama en 2013) pense que les ovnis ne sont pas originaires de notre planète.

EXOPOLITIQUE

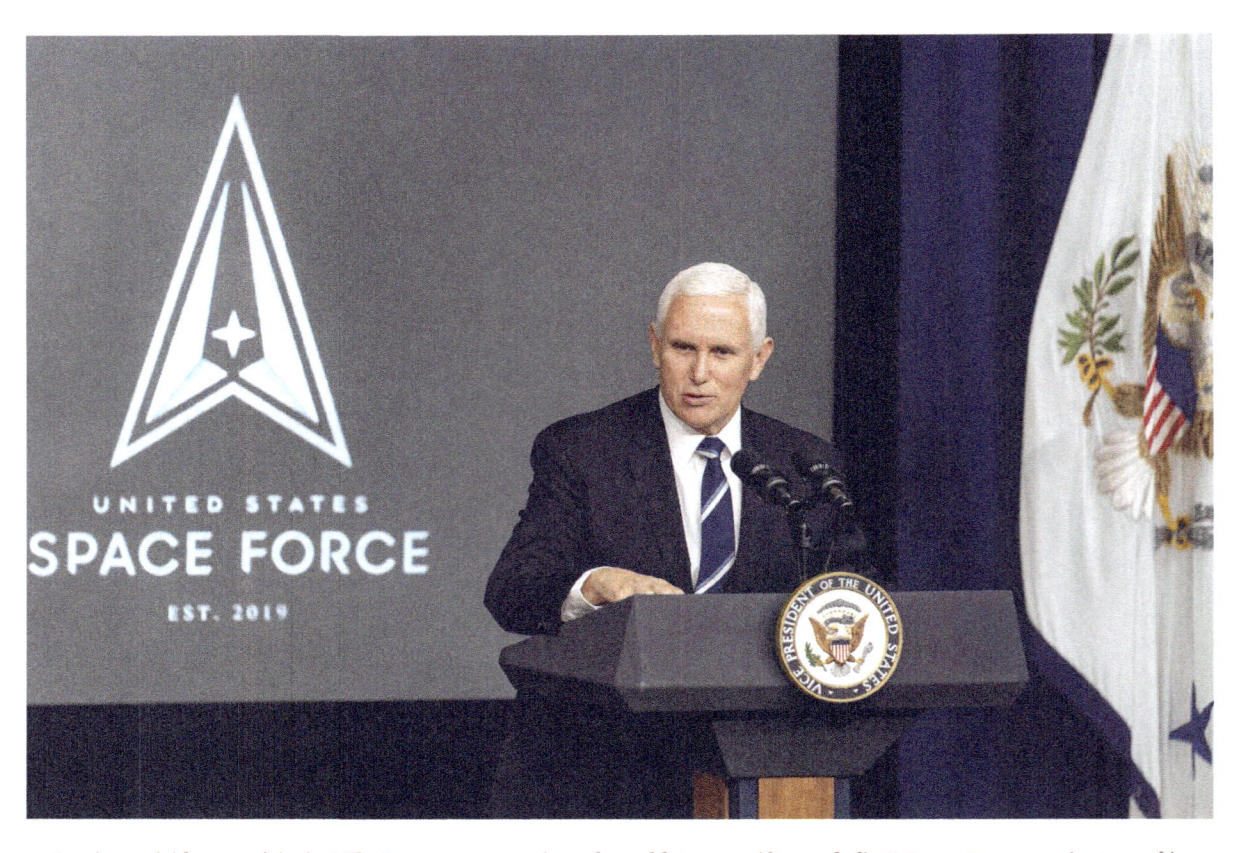

Le vice-président américain Mike Pence a annoncé que les soldats en uniforme de l'*US Space Force* seraient appelés les Gardiens. Ce nom évoque la franchise de films *Guardians of the Galaxy* des studios Marvel (MCU).

primordial d'étudier ce qui est à l'origine de ces phénomènes, afin de pouvoir expliquer ce que l'on observe sur ces images.

À cette question posée par le journaliste : *« Selon vous, quelle est l'hypothèse la plus probable pour expliquer ces observations d'ovnis ? »*, John Brennan a répondu :
« Je pense que c'est un peu présomptueux et arrogant pour nous de croire qu'il n'y a pas d'autres formes de vie dans l'univers. Je pense que certains de ces phénomènes sont le résultat de quelque chose que nous ne comprenons pas encore et qui pourrait impliquer un type d'activité qui, selon certains, est celui d'une forme de vie différente de la nôtre. »

Jusqu'en 2017, John Brennan était directeur de la CIA et ses fonctions l'empêchaient sans doute de s'exprimer sur le sujet. Mais il ne fait plus de doute qu'il envisage sérieusement aujourd'hui que les UAP puissent venir d'un « autre monde », ce qui rejoint finalement les déclarations d'Haim Eshed.

Son approche est ouverte d'esprit et coïncide d'ailleurs avec les informations récemment rapportées par le site *The Debrief* qui a déclaré que l'*Advanced Aerospace Threat Identification Program* (cette agence de l'ombre qui visait à étudier les objets volants non identifiés et qui était financée par le gouvernement des États-Unis) avait diffusé dans toute la communauté du renseignement américain, y compris la CIA (alors dirigée par John Brennan), des informations qui laissaient penser que les UAP n'étaient probablement pas d'origine terrestre.

Cet intérêt pour les ovnis est désormais visible à tous les échelons du gouvernement américain. Que ce soit à travers la création de la nouvelle *Space Force* ou à travers les déclarations de plus en plus fréquentes d'anciens responsables politiques ou de militaires ayant occupé des postes importants.

De nouveaux comités d'études sont aussi créés à l'image de l'UAPTF (*Unidentified Aerial Phenomena Task Force*) dans la droite ligne des projets historiques instaurés pour suivre et étudier toutes ces étranges observations comme le firent les projets *Grudge, Sign* ou *Blue Book*.

Bien qu'il existe déjà de nombreuses preuves vidéo substantielles, des pilotes qui témoignent depuis des décennies de leurs rencontres avec des ovnis et cette nouvelle ouverture d'esprit au sommet de l'État, John Brennan semble encore demander plus de données pour espérer percer le mystère. Mais on sent tout de même que dans son for intérieur, il est un fervent défenseur de l'hypothèse extraterrestre.

DOSSIER

Paul Hellyer, l'ancien ministre de la Défense canadien, a été le premier à déclarer que les questions relatives à l'exopolitique étaient importantes et que le grand public avait le droit de participer à la préparation d'un contact avec des extraterrestres.

PAUL HELLYER N'EST PLUS SEUL

Le 25 septembre 2005 au *Symposium d'exopolitique de Toronto*, l'ancien ministre de la Défense (1963-1968) et ancien vice-Premier ministre du Canada a prononcé un discours qui a marqué les ufologues.
Il était le premier représentant d'un État appartenant à l'OTAN à évoquer en public ses préoccupations au sujet du projet américain de créer une nouvelle zone militarisée dans l'espace qui servirait selon lui à « *se prévenir des vaisseaux extraterrestres pénétrant dans l'espace aérien de la Terre.* »
Plus récemment, en décembre 2017, lors d'une interview réalisée dans sa résidence de Toronto (*Paul Hellyer In-Depth interview on Disclosure*), il est revenu sur sa longue carrière au Parlement canadien, dans l'armée, puis en politique. Il s'est dit convaincu que le gouvernement américain en savait beaucoup plus qu'il ne le disait sur les ovnis et les extraterrestres. À savoir par exemple que les *aliens* avaient un intérêt historique pour tout ce qui tourne autour de nos activités nucléaires, et que les grands médias télévisés avaient tort de faire passer les ovnis pour une sorte de blague auprès du grand public.
Il a dit aussi qu'il était convaincu que les gouvernements élus étaient en grande partie exclus des informations

Les ufologues et les utilisateurs de médias sociaux ont rapidement fait remarquer que l'insigne de la *Space Force* rappelait étrangement le logo du *Starfleet Command* de la série *Star Trek*. Mais l'armée a démenti s'être inspirée de la série de science-fiction.

EXOPOLITIQUE

détenues par les services secrets spécialisés en rapport avec l'étude des ovnis, et qu'en conséquence il avait dû utiliser sa propre expérience et ses contacts personnels pour étayer tous ses arguments.

LE SÉNATEUR HARRY REID DEMANDE L'OUVERTURE D'UNE ENQUÊTE

Il y a aussi de hauts fonctionnaires du gouvernement américain qui continuent de dire que les ovnis et les extraterrestres sont bien réels. Voici ce que déclarait Harry Reid en avril 2020 (membre du Parti démocrate et sénateur du Nevada au Congrès des États-Unis de 1987 à 2017) : « *Sommes-nous vraiment seuls dans l'univers ? Vous et moi ne connaissons peut-être pas la réponse à cette question, mais une poignée de personnes aux plus hauts échelons du gouvernement ont commencé à dire publiquement qu'il fallait désormais aborder ce sujet avec le plus grand sérieux. Pendant des décennies, le gouvernement fédéral a dissimulé des informations importantes sur les ovnis, il est temps que cela change.* »

Dans *The Phenomenon*, un documentaire sorti en octobre 2020, l'ancien sénateur a aussi déclaré clairement qu'il croyait en l'existence d'une vie extraterrestre et qu'il pensait que nous avons été, et que nous sommes toujours, visités par des civilisations avancées. Il fait actuellement tout ce qu'il peut pour soutenir la recherche sur les ovnis et il exhorte les politiciens à traiter ce sujet avec le plus grand sérieux.

Il a d'ailleurs fait remarquer en 2020 que les ovnis pouvaient rendre les armes nucléaires américaines inopérantes et il a demandé qu'une enquête soit menée en soulignant que : « *Si nos armées avaient été appelées par le président à lancer des missiles nucléaires, elles n'auraient pas pu le faire.* »

L'ancien sénateur n'est pas le premier à mettre en avant l'interférence entre les ovnis et les armes nucléaires. L'ufologue Robert Hastings avait allégué en 2010 qu'au moins 120 anciens hauts gradés militaires avaient vu des ovnis voler autour d'installations d'armes nucléaires, et que des enquêtes ultérieures avaient prouvé que les armes nucléaires étaient devenues inopérantes en présence des ovnis. Depuis quelques années, des membres du Congrès font aussi pression sur le Pentagone afin d'obtenir des réponses au sujet de la détection d'ovnis dans l'espace aérien militaire des États-Unis et ils alertent sur la menace potentielle qu'ils font peser sur la sécurité nationale.

Enfin, soulignons que le Japon a également exprimé son inquiétude au sujet des ovnis et son ministre de la Défense, Taro Kono, a annoncé que son pays devait avoir un plan pour d'éventuelles rencontres avec eux. Il a fait cette déclaration lors d'une conférence de presse le 28 avril 2020, peu de temps après que le département américain de la Défense eut déclassifié et publié les vidéos tournées par les pilotes de la Marine indiquant la possibilité que des ovnis en forme de « Tic-Tac » puissent être hostiles. Taro Kono a également informé le

Voici ce qu'Harry Reid, l'ancien chef de la majorité au Sénat, a tweeté : « Les Américains méritent d'être informés sur les ovnis après la publication officielle par le Pentagone de trois vidéos de la Marine montrant des phénomènes aériens non identifiés avérés. »

DOSSIER

public qu'il était très probable que le Japon et les États-Unis forment bientôt une alliance pour étudier les ovnis. C'est un mouvement encore timide, mais il semble qu'un début de prise de conscience global soit en route.

LAURA EISENHOWER ET LE COMPLEXE MILITARO-INDUSTRIEL

Évoquons maintenant d'autres déclarations étonnantes, celles de Laura Eisenhower qui s'est fait connaître dans la communauté ufologique en donnant des conférences à partir du début des années 2000.

C'est aussi et surtout l'arrière-petite-fille du président Dwight D. Eisenhower (on rappellera que de nombreuses rumeurs ont fait état de son intérêt tout particulier pour les extraterrestres durant son mandat et qu'il a peut-être été membre du comité secret Majestic-12).

Laura Eisenhower a fait sensation quand elle a déclaré qu'elle avait réalisé des recherches poussées sur l'implication de son arrière-grand-père dans le dossier ovni, et qu'elle avait trouvé une corroboration entre les documents MJ-12 et les histoires qu'elle avait entendues dans sa famille. Tout ceci l'aurait amenée à croire que les événements de Roswell et ses conséquences étaient réels et que le crash avait bien eu lieu.

Cependant, elle a toujours déclaré qu'aucune de ses croyances ne venait des membres de sa famille, et que ses opinions et théories lui étaient personnelles. Mais quand vous portez un nom aussi célèbre, difficile de se détacher de cet héritage !

Laura Eisenhower affirme qu'elle a été sélectionnée pour effectuer une mission interplanétaire et se rendre sur Mars.

The Phenomenon est un nouveau documentaire qui comporte des images inédites qui tentent de démontrer que des extraterrestres sont présents sur Terre.

Soulignons tout de même qu'en 2010, ses déclarations ont eu beaucoup de mal à passer dans la communauté ufologique. En effet, cette année-là elle a déclenché un véritable tollé en déclarant qu'elle avait été recrutée (en raison de sa filiation avec le 34e président des États-Unis) pour préparer un voyage sur Mars avec un homme avec lequel elle avait une relation.

D'après elle, le gouvernement américain aurait établi une colonie sur Mars par le biais de programmes noirs secrets (et avec la collaboration d'extraterrestres), dans l'hypothèse ultime qu'un événement catastrophique survienne sur Terre. Elle aurait cependant décliné le voyage au dernier moment et choisi de consacrer le reste de sa vie à « *répandre l'énergie féminine divine de Gaïa afin de libérer les hommes du gouvernement de l'ombre qui est le résultat d'un accord conclu avec des extraterrestres* ».

Pour de nombreux ufologues, Laura Eisenhower n'est pas très crédible, et ils lui reprochent un discours trop porté sur la conspiration, par exemple l'utilisation de chemtrails pour contrôler les populations, la pratique de manipulations génétiques sur des humains ou encore le contrôle mental des populations par les médias...

Pourtant, les déclarations de Laura Eisenhower concernant l'établissement d'une colonie terrienne sur Mars rejoignent celles d'Haim Eshed, et depuis la naissance du *Disclosure Project*, un certain nombre

EXOPOLITIQUE

d'autres témoignages similaires ont émergé, ce qui finalement donne une certaine crédibilité à tout l'ensemble. D'ailleurs, le Dr Hal Puthoff (cofondateur de la *To The Stars Academy*, physicien traitant de l'ingénierie de l'espace-temps et directeur de nombreux programmes de recherche classifiés de la NASA et du ministère de la Défense) avait déjà fait allusion à une technologie avancée issue de la rétro-ingénierie extraterrestre qui laisserait présager des révélations à venir en rapport avec la réalisation d'un engin permettant de se rendre rapidement sur Mars.

CONCLUSION

Les déclarations récentes du Pr Eshed ont attiré l'attention des médias du monde entier. Et même si ce battage médiatique n'a pas atteint celui des vidéos déclassifiés par le Pentagone au sujet des ovnis du porte-avions Nimitz, on continue aujourd'hui à s'interroger sur ses déclarations qui, pour une fois, n'ont pas été ridiculisées et moquées par les grands médias. Certes, les propos d'Haim Eshed sont très controversés, mais on a pu voir qu'il était tout de même difficile de les ignorer, car ils étaient issus d'un homme qui a été ministre de la Défense. Certains ont dit que ses propos avaient été mal traduits ou mal interprétés, mais personne n'a encore osé dire qu'il avait perdu la tête...
C'est sans doute le signe que l'on avance dans le bon sens, celui de la divulgation, et peut-être même un jour celui du contact effectif avec la vie extraterrestre !

À Tokyo, le ministre de la Défense Taro Kono a déclaré qu'il envisageait de créer des protocoles pour que les pilotes puissent réagir avec méthode en cas de rencontre avec des ovnis.

Pour les États-Unis, il est devenu vital d'imposer leur suprématie spatiale sur la Chine et la Russie, même si à court terme, c'est la reconquête de la Lune et de Mars qui focalise tous leurs efforts.

LES AVENTURES D'IKE ARIS
« ENQUÊTEUR DU MYSTÈRE »

IKE ARIS Enquêteur du mystère

Mr. Aris, est-il possible de fabriquer de l'antimatière pour faire fonctionner un moteur basé sur l'antigravité ? Signé : un client.

Damn it !

'Paraît que certains ovnis carburent à l'antimatière et génèrent leur propre antigravité. Si on pouvait en créer, on ferait un bond dans notre exploration spatiale !

J'suis parti dans un centre de recherche nucléaire interroger un ingénieur.

Là, il m'a sorti tout un charabia...

On peut créer quelques milligrammes d'antimatière pour mettre dans un moteur, mais c'est très compliqué car le champ de gravitation terrestre ressenti à la surface est assimilable localement au champ de pesan...

DAMN IT !

J'ai rien pigé ! Tiens, j'vais plutôt lui chouraver ce manuel.

De retour chez moi, j'ai lu dans l'annexe qu'un accélérateur de particules pouvait créer quelques atomes d'antimatière...

Bingo ! Il y a même les plans du dispositif !

J'ai acheté quelques bricoles, puis j'suis parti dans un champ pour fabriquer un petit accélérateur de particules.

J'ai terminé ! Allez, plus qu'à mettre le système en route !

CLIC !

Wahou ! Ça dépote grave ce truc !

VVVRR

Bonjour le champ magnétique !

Tiens, c'est bizarre, j'sens plus mes pieds !

Damn it ! J'crois que j'ai absorbé toute l'antimatière !

HELP !

?!

EXOPOLITIQUE

Troisième partie

The Pentagon's UAP Task Force

Franc Milburn et le groupe de travail du Pentagone sur les phénomènes aériens non identifiés.

> « *Comme je l'ai dit au personnel de deux commissions du Sénat et aux agences du ministère de la Défense, ces engins n'appartiennent pas à notre monde. Mais nous savons une chose… c'est qu'ils sont là ! Et si vous me demandez d'où ils viennent ? Eh bien ça, ils ne veulent pas nous le dire.* »
> Bob Davis (docteur en neuroscience, auteur et conférencier)

Le 30 novembre 2020, *Le centre Begin-Sadat d'études stratégiques de l'université Bar-Ilan d'Israël* (BESA) a publié une étude de 58 pages intitulée *The Pentagon's Task Force on Unidentified Aerial Phenomena* (Les forces d'intervention du Pentagone sur les phénomènes aériens non identifiés). L'auteur de ce rapport est Franc Milburn, un ancien officier du renseignement britannique, aujourd'hui analyste et consultant sur la géopolitique et les questions de sécurité en Israël. Son étude publiée dans le cadre des travaux du BESA Center est destinée à la préparation d'une série d'enquêtes sur la sécurité et la politique à mener par Israël au Moyen-Orient.

En complément des déclarations récentes d'Haim Eshed, nous avons trouvé opportun d'éplucher et de résumer un rapport israélien de 58 pages que vous pourrez trouver dans son intégralité à cette adresse : www.academia.edu/44615051/The_Pentagons_UAP_Task_Force.
Dans cette étude très poussée, Franc Milburn revient sur la création récente par le Pentagone d'un nouveau groupe de travail sur les UAP (phénomènes aériens non identifiés). Il y présente essentiellement une analyse stratégique des récents événements déclassifiés par le Pentagone au sujet de ce qu'on a

Franc Milburn se demande pourquoi l'organisme chargé du dossier relatif au ovnis observés autour du porte-avions Nimitz est l'*Office of Naval Intelligence* (les services secrets de la Marine) et non pas l'US Air Force.

Franc Milburn auteur du rapport
The Pentagon's UAP Task Force

DOSSIER

L'AATIP (Advanced Aerospace Threat Identification Program) a été créé en 2007 sous l'impulsion du sénateur américain Harry Reid, sous l'égide de la DIA, en étroite collaboration avec la CIA et avec le milliardaire Robert Bigelow. Son objectif était d'étudier un certain nombre de cas où des ovnis avaient violé l'espace aérien américain et interagi avec le personnel ou les installations militaires des États-Unis. L'AATIP doit aussi définir la nature et le niveau de dangerosité du phénomène ovni sur le plan de la sécurité nationale.

appelé les *« ovnis en forme de Tic-Tac du porte-avions Nimitz »*.
Il pose de nombreuses questions autour des stratégies à mettre en place face à une telle technologie et liste les implications que pourraient avoir les ovnis sur la sécurité nationale des États-Unis et d'Israël.
Franc Milburn examine également le rapport de la commission restreinte du Sénat américain sur le renseignement qui a été approuvé le 17 juin 2020 ainsi que l'allocation de fonds spéciaux dans le budget 2021. Celle-ci devrait en partie servir à financer et à coordonner la collecte de données autour des ovnis, phénomène qui pourrait être lié à des puissances étrangères hostiles et/ou constituer une menace pour la sécurité américaine.
Nous verrons que le rapport de Franc Milburn s'appuie essentiellement sur des thèmes et des arguments déjà diffusés par Luis Elizondo, John Alexander, Eric Davis, Chris Mellon, Jack Sarfatti et d'autres chercheurs plus ou moins liés à la *To the Stars Academy of Arts & Science* (qui a vu récemment le départ de Luis Elizondo, Chris Mellon et Steve Justice.

Nous pouvons féliciter Franc Milburn pour la publication de cette excellente étude et remercier le Centre BESA de l'avoir rendue accessible en ligne.

PRÉSENTATION DE L'AUTEUR DU RAPPORT *THE PENTAGON'S UAP TASK FORCE*

Franc Milburn est analyste en géostratégie et sécurité nationale. Il est spécialisé dans les phénomènes aérospatiaux non identifiés et l'une de ses priorités est d'introduire dans le monde universitaire, politique et scientifique un discours sur la sécurité nationale et les technologies de l'armement en rapport avec le phénomène ovni et ses implications géostratégiques.
C'est également un ancien officier de renseignement qui a été élève à l'Académie royale militaire de Sandhurst et à la London School of Economics.
L'analyste est aujourd'hui spécialisé dans les questions de stratégies militaires relatives au Moyen-Orient.
Pour réaliser son rapport, il s'est inspiré de la création récente par le Pentagone d'un nouveau groupe de travail sur les ovnis. Puis il l'a encadré dans un schéma interprétatif d'analyse stratégique et s'est posé plusieurs questions fondamentales :

EXOPOLITIQUE

Le général John W. Raymond dévoile les contours de la nouvelle force spatiale du Pentagone.

- Pourquoi les cours de stratégie, de sécurité nationale et d'histoire internationale moderne qui sont dispensés dans les universités ne couvrent-ils pas les dossiers « ovni », alors qu'ils ont clairement préoccupé les grandes puissances depuis des décennies ?
- Ces mystérieux vaisseaux émanent-ils d'adversaires potentiels inconnus ou sont-ils des engins « exotiques » d'origine américaine, russe ou chinoise ?
- Quelle technologie utilisent-ils ?
- Quel type de menace représentent-ils ?
- Quels sont la nature et le niveau de dangerosité du phénomène sur le plan de la sécurité nationale ?
- Pourquoi le bureau secret d'étude des ovnis dénommé Advanced Aerospace Threat Identification Program (AATIP), c'est-à-dire « programme d'identification avancée des menaces aériennes » n'est-il pas dirigé par l'armée de l'air, mais par l'Office of Naval Intelligence et la CIA ?

Les questions de Franc Milburn nous emmènent dans le terrier du « lapin blanc » avec des initiés du ministère de la Défense, des scientifiques et des documents déclassifiés dans le but de trouver des réponses relatives à l'orientation géostratégique militaire prise actuellement par les États-Unis. Y a-t-il des choses importantes que l'on ne nous dit pas ? C'est ce que nous allons essayer de savoir !

Le Dr Davis assure que les Chinois et les Russes ont un vif intérêt pour tout ce qui concerne les ovnis depuis au moins 20 ans.

DOSSIER

LES CITATIONS CONTENUES DANS LE RAPPORT

Venons-en maintenant au contenu du rapport proprement dit. Après s'être brièvement présenté et après avoir décrit le groupe de travail du Pentagone (UAP Task Force), Franc Milburn cite quelques-uns de ses collèges chercheurs, tels Luis Elizondo, l'ancien directeur de l'AATIP au Pentagone qui avait déclaré en 2018 :

« Tout est une menace potentielle jusqu'à ce que l'on soit sûr que ce n'en est pas une... Quand on analyse ce que nous voyons du point de vue du renseignement, ils [les UAP] semblent avoir un intérêt majeur pour nos installations militaires et plus particulièrement pour nos installations nucléaires. Dans tous ces cas, nous ne savons rien des engins qui espionnent les installations. Nous ne savons pas comment ils fonctionnent. Nous ne savons pas qui pilote ces machines. Nous ne savons pas quelles sont les intentions de ces gens.

Et pourtant, c'est un fait, ces machines peuvent évoluer impunément autour de ces installations et au-dessus de notre espace aérien. On doit donc considérer que ces incursions menées avec une telle supériorité technologique peuvent constituer une menace. Ceux qui excluent cette possibilité ne savent simplement pas de quoi ils parlent. »

Puis Franc Milburn cite le journaliste Tom Rogan qui avait déclaré :

« La Marine est au premier plan pour une raison simple : ses unités nucléaires mobiles [porte-avions nucléaires] continuent d'attirer les UAP.

Le Comité consultatif national de l'aéronautique exige l'identification de tout incident ou modèle qui indique qu'un adversaire potentiel pourrait avoir atteint des capacités aérospatiales de pointe qui pourraient mettre en danger les forces stratégiques nucléaires ou conventionnelles des États-Unis. Les UAP ont régulièrement fait leur apparition sur ou à proximité de sites équipés d'armes nucléaires depuis la fin des années 1940, et ici la "menace potentielle" est que les UAP puissent détecter et réaliser des interceptions de tout système d'arme nucléaire sur terre, en mer ou sous la mer, et cela en toute impunité. »

L'auteur du rapport évoque aussi la possibilité de déclenchement accidentel d'un conflit nucléaire suite à une mauvaise interprétation des données sur les UAP. Il fait allusion au fait que des données se perdent dans de multiples circuits administratifs, ajoutant que *« le Comité consultatif national de l'aéronautique reste préoccupé par le fait qu'il n'existe pas de stratégie unifiée et globale au sein du gouvernement fédéral concernant la collecte et l'analyse des renseignements sur les phénomènes aériens non identifiés, malgré la menace potentielle qu'ils peuvent représenter »*.

Selon Franc Milburn, le leitmotiv de l'Office of Naval Intelligence est : « Nous sommes en guerre. Il faut que nous maîtrisions la technologie de ces ovnis avant que les Russes et les Chinois ne s'en emparent avant nous ! »

EXOPOLITIQUE

Franc Milburn cite ensuite le Dr Robert McGuire, qui a passé 27 ans à l'*Institute for Defense Analyses* et qui a des décennies d'expérience dans l'industrie, la politique et le monde du renseignement.
Il avait déclaré dans une interview récente :
« Si vous disposez de nombreux moyens au niveau national, la question est de savoir comment les utiliser pour mieux comprendre ce que sont ces fichus ovnis, pourquoi ces engins sont là et comment ils sont pilotés. Car de toute évidence ils sont sous le contrôle d'une intelligence.
Je constate aussi que les services qui sont censés gérer tout ce qui concerne ces engins ne font que veiller à préserver leurs budgets et leurs prérogatives en pratiquant une rétention d'informations.
Il faut pourtant améliorer nos capacités stratégiques afin que ces engins cessent de nous échapper.
Il faudrait fusionner plusieurs systèmes de détection [radar], par algorithme, de manière à se fondre dans un système unique avec l'objectif de créer des "filtres" susceptibles d'éliminer les "bruits" indésirables.
Les UAP peuvent posséder de signatures spécifiques qu'il faut capter, analyser et ajouter à la bibliothèque des signaux [radar] que nous recherchons.
Supposons qu'un gros vaisseau spatial entre dans notre atmosphère et qu'il soit détecté par une caméra. On peut supposer qu'en se déplaçant à grande vitesse il émette des ondes électromagnétiques spécifiques.

Il faudrait alors que nous puissions conjuguer tous nos moyens de détection autour de ce type d'ondes. Mais pour le moment nous ne savons même pas comment instaurer cette recherche.
À la question : *"Pouvons-nous opérer la détection et le suivi de tels engins ?"* Je réponds : *"Oui, c'est tout de même possible"*, en particulier quand ces engins accélèrent, car tous les corps émettent des radiations d'origine thermique. Si ces engins utilisent quelque chose comme le système suggéré par Miguel Alcubierre [auteur de l'ouvrage *The warp drive : hyper-fast travel within general relativity*], alors des photons correspondant à leurs déplacements doivent pouvoir être observés du fait de l'effet Doppler et en vertu des lois de la relativité générale. »

LES OVNIS ONT-ILS UNE TECHNOLOGIE SPÉCIFIQUE POUR NE PAS ÊTRE DÉTECTÉS ?
Franc Milburn évoque ensuite les travaux du Dr Bruce Cornet qui a mené une enquête de 9 ans dans l'État de New York sur la propulsion des ovnis.
Bruce Cornet avait dit à Miguel Alcubierre :
« Ces engins que vous avez analysés sur des vidéos, notamment un objet en forme de cigare qui ressemblait à "un 707 noir" et qui pouvait "déplier et replier" ses ailes en plein vol émettait des signatures acoustiques de type "Doppler inversé".
Ses ondes [radar] semblaient manipulées de manière

Jack Sarfatti était l'un des principaux membres du *Fundamental Fysiks Group*, un groupe informel de physiciens californiens qui, dans les années 1970, selon l'historien des sciences David Kaiser, visait à inspirer certaines des enquêtes sur la physique quantique qui sous-tendent certaines parties de la science de l'information quantique.

DOSSIER

Reconstitution 3D de l'ovni en forme de « Tic-Tac »

Les UAP peuvent opérer dans de multiples milieux, tels que l'espace, l'air et l'eau, sans entrave apparente, sans bang supersonique ni déperdition de chaleur. La nature, l'origine et la fonction de ces engins sont toujours inconnues.

à se confondre avec celles d'un jet commercial, sans doute dans le but d'échapper à toute détection spécifique. L'objet en forme de cigare s'est ensuite arrêté en plein vol et a viré sur place à 180 degrés. À plusieurs reprises, des engins non identifiés se sont aussi efforcés d'imiter les sons émis par les avions conventionnels, le son des moteurs à réaction et même parfois celui de leurs hélices… »

MÉTAMATÉRIAUX ET DOPPLER INVERSÉ
Franc Milburn déclare ensuite être entré en contact direct avec le physicien américain Jack Sarfatti. Le Dr Sarfatti lui a dit que selon sa théorie sur le fonctionnement des ovnis [voir son ouvrage *Space-Time and Beyond*], ils utiliseraient des métamatériaux combinés à une technologie de contre-mesures basées sur le Doppler inversé, et que cela corroborait sa thèse selon laquelle ces engins utilisaient l'antigravitation.
Le Dr Sarfatti développe cette hypothèse dans l'un des nombreux articles scientifiques qu'il a publiés, dont l'un est titré *Explication des rencontres rapprochées de l'US Navy avec le drone Tic-Tac*, dans lequel il déclare :
« Bruce Cornet prétend avoir mesuré un effet Doppler inversé dans les signaux sonores et les ondes émises par les ovnis. Il indique qu'une altération de la géométrie de l'espace-temps est créée par ces

Les caractéristiques des ovnis saisies par des capteurs ne permettent pas de les relier facilement à des engins terrestres connus ou suspectés.
Ces caractéristiques sont : l'accélération instantanée, la vitesse hypersonique, la faible observabilité, la portance positive et le déplacement dans plusieurs milieux différents.

Photo d'ovni prise en 2018 par un avion de combat F/A-18.

EXOPOLITIQUE

engins "Tic-Tac" et qu'elle altère la façon dont se réfléchissent leurs ondes électromagnétiques radar tout en provoquant un effet de "mirage", ainsi que la furtivité souhaitée par l'intelligence qui pilote ces engins. »
Franc Milburn souligne que ce qu'apporte le Dr Sarfatti avec ses recherches, c'est l'idée de pouvoir opérer une altération profonde de l'espace-temps à l'intérieur d'objets matériels constitués de métamatériaux (matériaux composites artificiels qui présentent des propriétés électromagnétiques que l'on ne retrouve pas dans un matériau naturel).
Et tout cela en mettant en œuvre des énergies limitées. Franc Milburn insiste sur le fait qu'il y a peu de littérature consacrée à la géométrie de l'espace-temps à l'intérieur des métamatériaux. Toutes les propriétés [réaction aux sollicitations électromagnétiques, aux ondes, etc.] que l'on attribue aux « Tic-Tac » [ovnis du Nimitz] seraient les résultats combinés de leurs structures externes en métamatériaux et de leur maîtrise de l'espace-temps à l'intérieur de ces derniers.

UN « TRUC » DE CHEZ NOUS… OU BIEN D'AILLEURS ?

Puis Franc Milburn fait remarquer que les caractéristiques de vol observées chez les UAP semblent cadrer avec ce qui serait requis pour assurer des voyages interstellaires :
« Si ces appareils peuvent maintenir des régimes d'accélération semblables à ceux déjà observés, de manière prolongée dans l'espace, alors ces appareils doivent être capables d'atteindre des vitesses proches de celle de la lumière, ce qui leur permettrait de réduire leurs temps de voyages entre les planètes à quelques jours ou semaines dans leurs temps propres. S'il s'agit de quelque chose qui vient de l'extérieur du système solaire, c'est peut-être préférable pour nous, plutôt que d'être confrontés à un tel saut technologique opéré par les Chinois, les Russes ou quelque autre adversaire… Quoi qu'il en soit, il y a quelqu'un qui vole dans notre espace aérien sans autorisation et nous ne savons pas qui c'est. Or, nous devons le découvrir au plus vite. »

DES PHÉNOMÈNES BIEN RÉELS ET L'ÉVALUATION DE LA MENACE

C'est ensuite Chris Mellon qui est cité dans le rapport (un investisseur privé actuellement consultant auprès du gouvernement des États-Unis pour les questions de sécurité nationale. Il est aussi conseiller scientifique de la TTSA). Chris Mellon a en effet récemment abordé le sujet de la « menace extraterrestre » dans la deuxième saison de l'émission *Unidentified : Inside America's UFO Investigation* où il avait déclaré :
« Le phénomène est réel. Ce ne sont pas des véhicules américains, russes ou chinois.

Le lieutenant Ryan Graves (pilote de F/A-18 Super Hornet) est dans la Marine depuis 2010. Il a témoigné devant le Congrès des événements dont lui et ses camarades d'escadron furent témoins entre 2014 et 2015.

DOSSIER

Métamatériau (TTSA/ADAM)

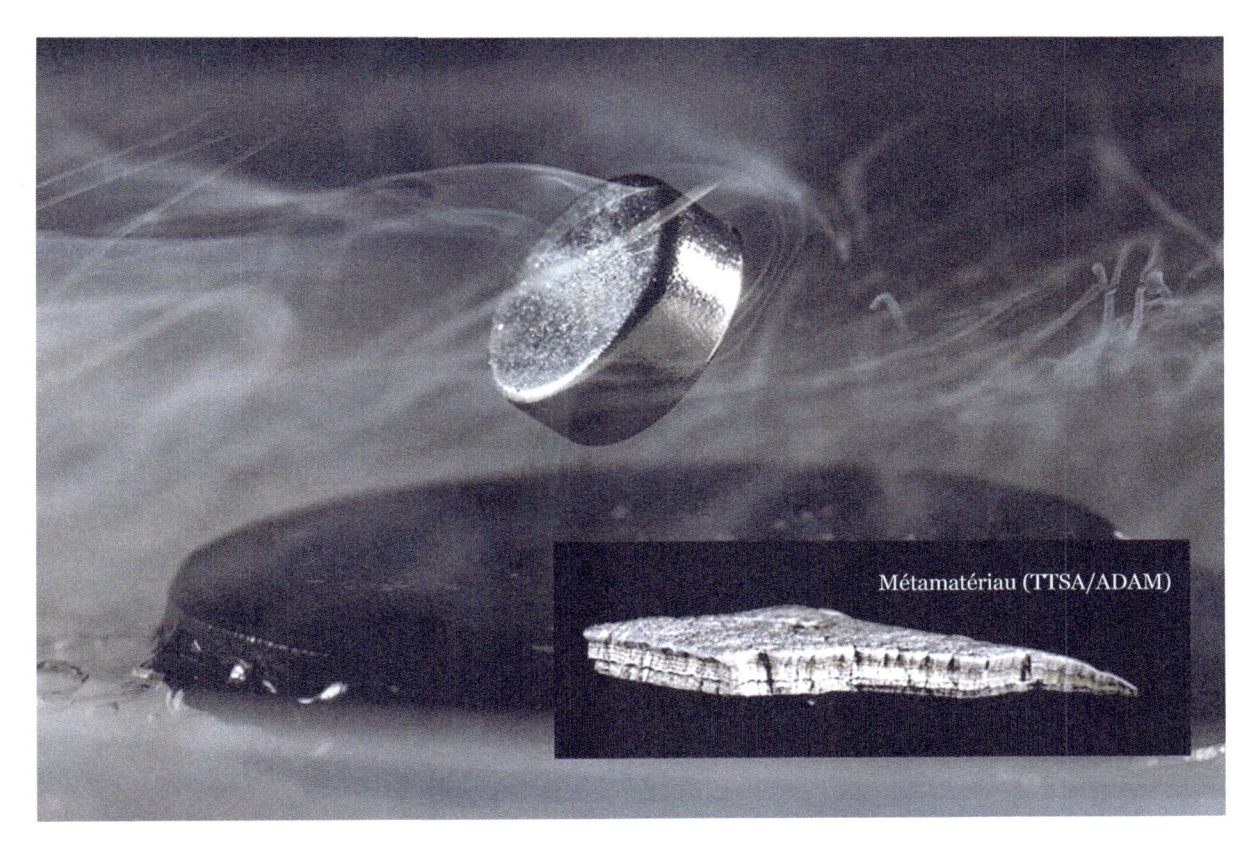

Une partie du secret des ovnis résiderait dans les propriétés des métamatériaux qui les composent. Lorsqu'ils sont soumis à un champ magnétique particulier, ces métamatériaux seraient en mesure de distordre l'espace-temps et de générer de l'antigravité. De nombreux États dans le monde cherchent-ils à mettre au point et à utiliser ces métamatériaux ?

S'il existe "quelque chose" qui émane d'un autre système beaucoup plus avancé et sophistiqué que le nôtre, et avec lequel nous étions à même d'établir un contact et une communication, nous pourrions potentiellement acquérir des centaines de milliers, voire des millions d'années de nouvelles connaissances en quelques jours, mois ou semaines seulement.
Nous savons que les ovnis existent, ce n'est plus la question. La Navy elle-même a publiquement reconnu ce fait et des pilotes en service actif ont attesté de leur existence dans le *New York Times*.
La question est donc de savoir pourquoi ils sont là, d'où ils viennent et quelle technologie se cache derrière leurs dispositifs de camouflage. Nous considérons cela comme une menace potentielle, mais cette situation n'est tout simplement pas acceptable. »
Franc Milburn cite ensuite de nouveau le Dr Sarfatti au sujet de la technologie qui se cache derrière l'ovni « Tic-Tac ». D'après le physicien : « Cet engin replie l'espace, le distord de manière à se rendre où et quand il le souhaite avec de minuscules quantités d'énergie. Tout cela est encore tenu secret, mais nous pouvons sans doute déjà construire nos propres "Tic-Tac" et ce serait dans l'intérêt de l'Amérique de le

John Brennan, l'ancien directeur de la CIA, a déclaré : *« Nous devrions être ouverts d'esprit à propos de l'hypothèse extraterrestre. »*

EXOPOLITIQUE

faire, car la Russie a déjà une longueur d'avance sur nous. De tels engins spatiaux rendraient obsolètes toutes nos armes conventionnelles, en particulier si cette capacité de distorsion [de l'espace-temps] était militarisée.

[...] L'armée américaine risque de manière imminente une défaite totale, car il n'existe aucune défense possible contre les armes et la technologie mises en œuvre par les engins "Tic-Tac". Pourquoi ? Parce qu'ils parviennent à distordre l'espace-temps. Les États-Unis ont besoin de cette technologie au cas où des puissances non humaines se montreraient hostiles. Ils peuvent déjà créer des boucliers sous la forme d'un champ de force efficace contre nos avions, nos navires, nos chars, nos projectiles autoguidés ou encore empêcher le lancement des missiles balistiques de type ICBM en créant des distorsions temporelles dans les circuits de lancement.

[...] En ce moment, nous sommes en situation de guerre silencieuse, comme au temps du projet Manhattan. C'est une véritable course aux armements pour gagner cette guerre qui se déroule en coulisse, car disposer d'une flotte de supers "Tic-Tac", capable de jouer avec la géométrie de l'espace-temps changerait de façon décisive l'équilibre militaire de la planète. Mais qui les obtiendra en premier ? »

Selon Haim Eshed, la « fédération galactique » est censée être en contact avec Israël et les États-Unis depuis des années, mais ce secret serait gardé pour empêcher une crise d'hystérie et tant que l'humanité ne serait pas prête. Nick Pope a qualifié les déclarations d'Haim Eshed d'extraordinaires...

En décembre 2020, Donald Trump a demandé au directeur du renseignement national (DNI), ainsi qu'à d'autres agences, de soumettre un rapport (dans les 180 jours suivant la date de promulgation du projet de loi de dépense pour les secours et le financement du gouvernement) dans lequel ils devraient révéler ce qu'ils savent sur les engins non identifiés repérés près des bases militaires américaines.

DOSSIER

Tom DeLonge a déclaré : « *La TTSA a acquis des matériaux exotiques avec des caractéristiques d'ingénierie avancée qui ont 80 couches de 3 éléments alternés. Ces métamatériaux pourraient détenir les clés d'une nouvelle technologie de propulsion.* »

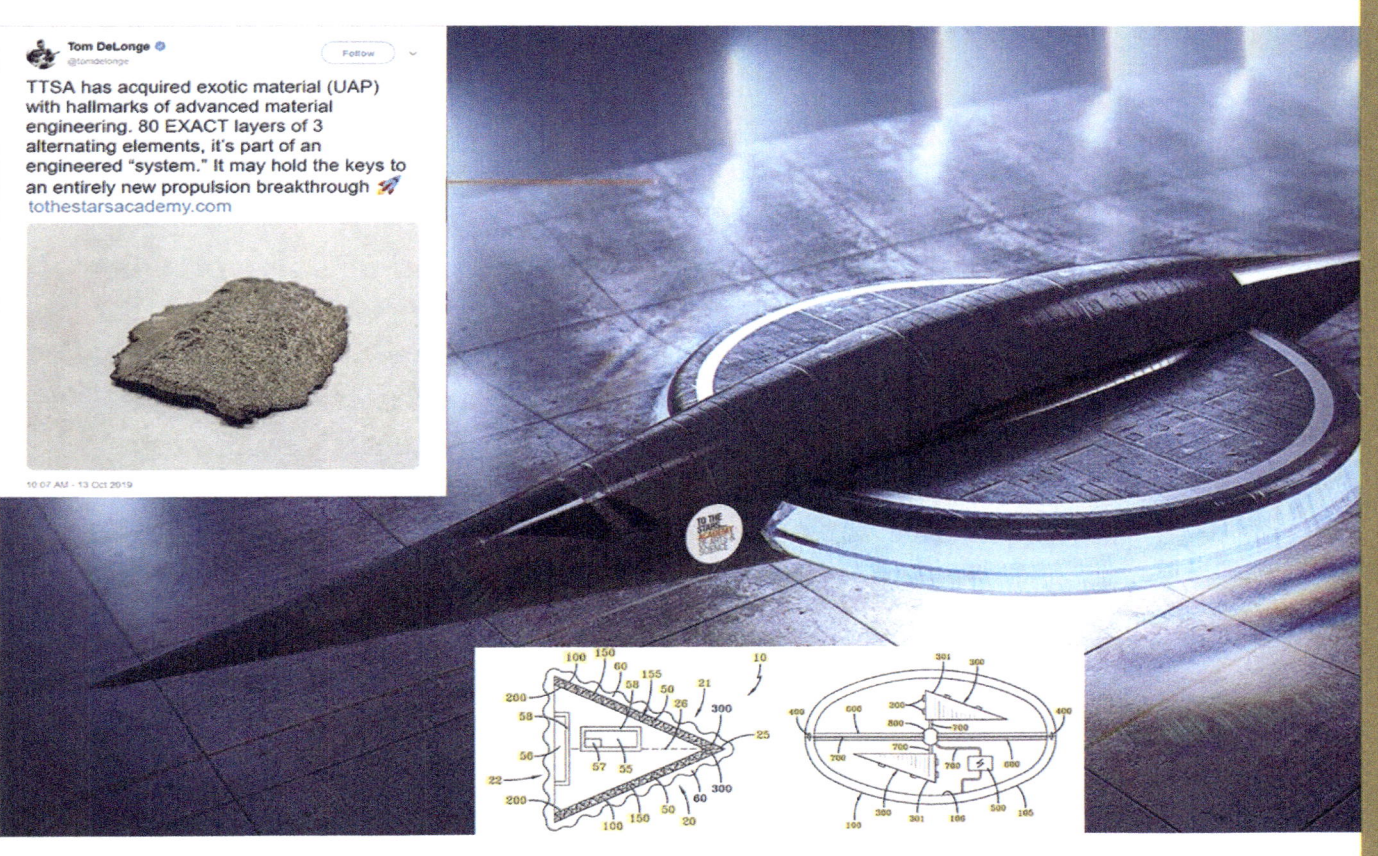

> Tom DeLonge
> @tomdelonge
>
> TTSA has acquired exotic material (UAP) with hallmarks of advanced material engineering. 80 EXACT layers of 3 alternating elements, it's part of an engineered "system." It may hold the keys to an entirely new propulsion breakthrough 🚀
> tothestarsacademy.com
>
> 10:07 AM - 13 Oct 2019

En 2017, la TTSA avait conclu un contrat avec *EarthTech International Inc.* (Texas) pour évaluer les propriétés des métamatériaux qu'ils disaient détenir. C'est Harold E. Puthoff, vice-président de la branche technologie de la TTSA, qui devait diriger ce projet de recherche ambitieux, mais à ce jour aucune information n'a été communiquée.

CONCLUSION

Le rapport de Franc Milburn est composé essentiellement de témoignages et de déclarations de membres de la TTSA faites autour des « Tic-Tac » du Nimitz. Ses informations les plus intéressantes sont sans doute celles issues des études du physicien théoricien Miguel Alcubierre qui, en résumé, déclare qu'il est possible (dans le cadre de la relativité générale et sans introduire la notion de trous de ver) de modifier l'espace-temps de manière à permettre à un vaisseau spatial de voyager en créant une expansion de l'espace-temps derrière lui et une contraction opposée devant lui.

Ainsi, on pourrait alors se déplacer plus vite que la lumière avec ce que l'on appelle dans les séries de science-fiction la « distorsion temporelle ».
Cependant, afin de réaliser ce déplacement, il faudrait utiliser de la matière « exotique », et c'est là qu'interviendraient les métamatériaux (nous les avions évoqués dans *Ikaris* n°7 page 37, avec la conférence autour du projet ADAM où Linda Moulton Howe avait montré un échantillon de métamatériau prétendu extraterrestre, et qui aurait été découvert sur le site du crash de Roswell).

En conclusion, si ces engins ne sont pas des véhicules américains, russes ou chinois comme semble le suggérer Franc Milburn (sans toutefois le dire clairement), on peut considérer qu'ils ne viennent pas de notre monde. D'ailleurs, l'expert s'interroge beaucoup sur les ambitions des grandes puissances rivales des États-Unis (Europe, Chine et Russie) dans le domaine de la course aux armes spatiales et la recherche autour des propulsions « exotiques »...

Il déplore enfin qu'à aucun moment le phénomène ovni n'incite les grandes puissances de ce monde à s'interroger sur les problèmes que vit notre planète, et qu'au contraire elles se livrent une véritable course aux armements et à la militarisation de l'espace. Quant aux extraterrestres, même s'ils ne nous ont pas « encore » exterminés (alors qu'ils auraient pu le faire depuis longtemps), ils sont toujours considérés comme des ennemis potentiels contre lesquels il faudrait nous munir au plus vite de moyens de riposte !

■

ACTUALITÉS - DIVULGATION

Ovnis-USA, les conclusions d'un rapport gouvernemental très attendu !

Le Pentagone n'exclut pas une origine extraterrestre pour les ovnis

« Aujourd'hui, il n'y a plus de secret qui ne sorte pas au bout de quelques années. Donc, s'il y avait véritablement un pays qui avait trouvé des choses extraordinaires, défiant toutes les lois de la physique, on le saurait, il y aurait des rumeurs, il y aurait des bruits... Or, nous n'avons rien ! Donc nous sommes devant quelque chose qui ne vient pas de chez nous et que nous ne comprenons pas. »
Alain Juillet, ancien patron au sein de la DGSE

On attendait beaucoup des conclusions du rapport gouvernemental demandé par l'administration Trump en fin d'année 2020, mais dans les faits, de nombreux chercheurs ont été déçus par les annonces. Certes, le *New York Times* a titré « *Le Pentagone ne sait pas ce que sont les ovnis* », mais l'article poursuivait en indiquant que le gouvernement n'avait trouvé aucune preuve pour affirmer que ces engins étaient des vaisseaux spatiaux extraterrestres. La seule chose qui semble claire dans le rapport, c'est que ces appareils ne sont pas issus d'une technologie américaine secrète. Alors que penser de toutes ces déclarations ?

Le rapport concède que les ovnis existent et qu'ils ne sont pas le fruit d'une technologie secrète américaine, mais il ne s'avance pas à dire non plus que ces engins sont d'origine extraterrestre.

IKARIS

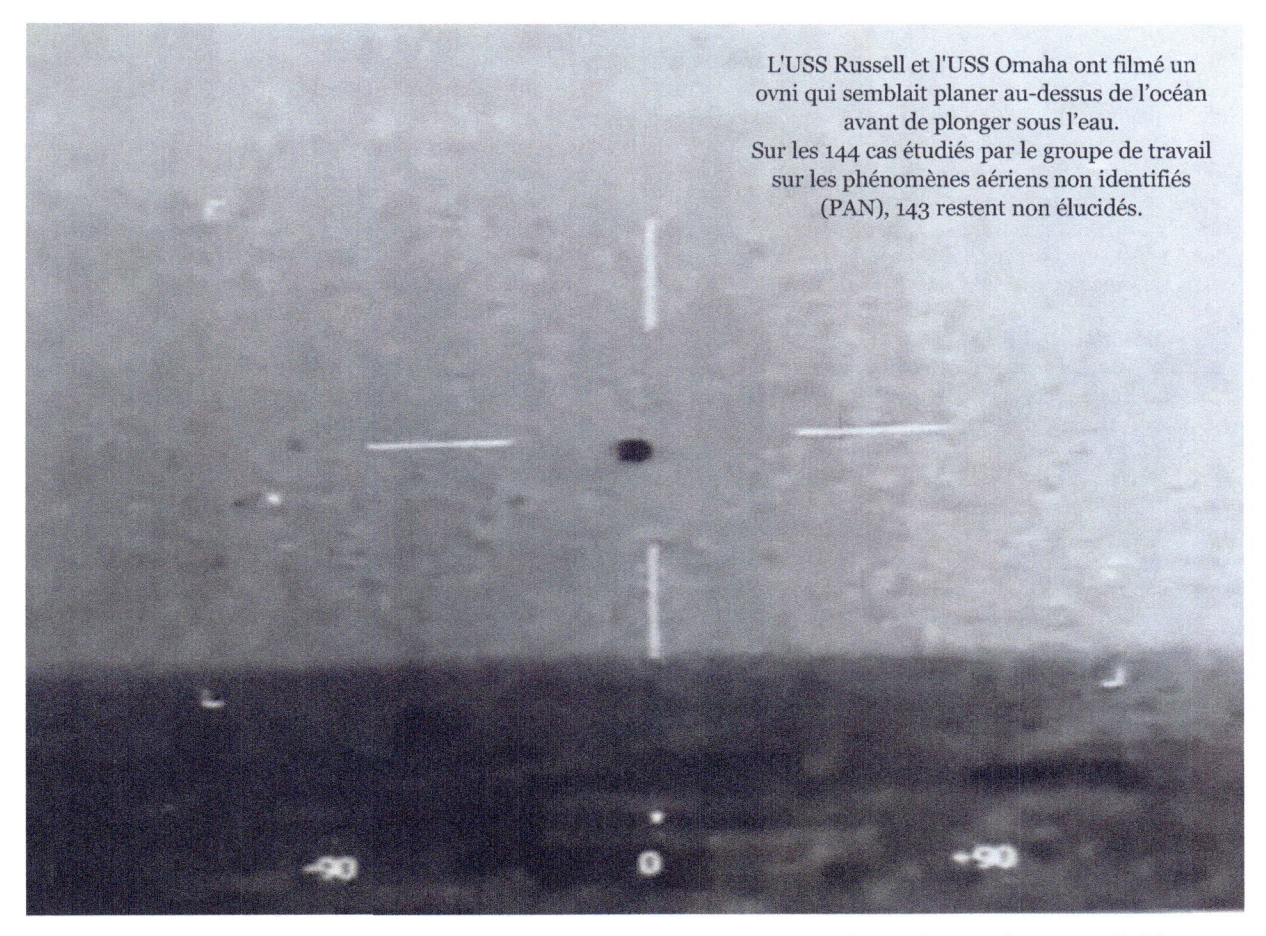

L'USS Russell et l'USS Omaha ont filmé un ovni qui semblait planer au-dessus de l'océan avant de plonger sous l'eau.
Sur les 144 cas étudiés par le groupe de travail sur les phénomènes aériens non identifiés (PAN), 143 restent non élucidés.

Faut-il vraiment croire le Pentagone quand il déclare tout ignorer sur les ovnis, alors même que beaucoup d'ufologues pensent que le quartier général du ministère de la Défense dispose d'épaves de vaisseaux extraterrestres depuis 1947 ?

Voilà, c'est fait, le rapport de la Task Force demandé par l'administration Trump en décembre 2020 vient de tomber. La communication du gouvernement a été assez subtile... En gros, le compte-rendu estime que les ovnis sont bien une réalité, il n'y a plus de doute là-dessus, mais il ajoute aussi : « *S'il n'y a aucune preuve que ces engins sont d'origine extraterrestre, rien ne permet de dire cependant qu'ils ne le sont pas !* »
Ce qui est le plus frappant dans cet exposé, c'est l'intérêt qui est porté à la technologie qui se cache derrière la propulsion de ces engins. En effet, le rapport concède que beaucoup des phénomènes observés restent difficiles à expliquer. Idem pour leurs capacités à changer de direction, leurs accélérations et leurs aptitudes à s'immerger sous l'océan.
Nous avions déjà publié une grande partie des informations contenues dans ce rapport (issues de fuites) et nous nous contenterons aujourd'hui d'apporter uniquement les éléments nouveaux dont nous ne disposions pas au mois de mai dernier.

LE MONDE ENTIER L'ATTENDAIT, MAIS...
C'est donc acté, les responsables du renseignement américain ont rendu une conclusion très claire, ils n'ont trouvé aucune preuve que les phénomènes aériens observés par les pilotes de la Marine ces dernières années puissent être des vaisseaux spatiaux extraterrestres. Cependant, ils ne peuvent toujours pas expliquer le comportement des ovnis qui ont été filmés et qui ont fait l'objet de tant de débats parmi les scientifiques, les militaires et les ufologues ces derniers mois. D'après de hauts responsables de l'administration qui ont présenté le rapport intitulé *The Unidentified Aerial Phenomena Task Force* (UAPTF), la grande majorité des 120 incidents répertoriés au cours des deux dernières décennies n'ont pas pour origine l'armée américaine ou tout autre technologie avancée issue d'une administration américaine. Et dans un langage politiquement correct, cela signifie : « *Les pilotes de la Marine qui ont déclaré avoir vu des ovnis n'ont pas été confrontés à des programmes que le gouvernement avait l'intention de garder secrets. Ce qu'ils ont vu n'est pas identifié à ce jour.* »

ACTUALITÉS - DIVULGATION

C'est à peu près la seule information que les responsables de la défense américaine ont bien voulu fournir au grand public, en tout cas dans la version non classifiée du rapport de travail publié au Congrès le 25 juin 2021. Et si ces hauts responsables des renseignements militaires concèdent que leurs conclusions sont ambiguës... cela signifie sans doute qu'ils ne pouvaient pas explicitement déclarer : *« Les ovnis observés par des pilotes militaires sont probablement des vaisseaux spatiaux extraterrestres. »*

LE CONTENU DU RAPPORT FINAL DÉCODÉ

Le compte-rendu contient 144 cas d'ovnis analysés au cours des 13 dernières années (dont 1 seul est expliqué). La plupart des incidents répertoriés proviennent des services de la Marine et couvrent essentiellement des « rencontres » faites par des pilotes militaires ou des échos détectés par des instruments électroniques. Il contient également une annexe qui n'a pas été diffusée et qui restera classifiée. D'ailleurs, le Pentagone a déclaré que si cette partie restait interdite au public, elle ne contenait cependant aucune preuve que des engins spatiaux extraterrestres étaient à l'origine des phénomènes observés. Cependant, ce manque de transparence pourrait alimenter la spéculation selon laquelle le gouvernement dispose de données secrètes intéressantes qu'il ne souhaite pas partager.

Dans leur conclusion, les responsables du renseignement estiment que sur les 120 cas répertoriés, certains phénomènes aériens pourraient être le fruit d'une technologie expérimentale issue d'une puissance rivale, très probablement la Russie ou la Chine. Aucun pays au monde n'est vraiment pointé du doigt, et un haut responsable resté anonyme déclare sans détour que cette technologie n'est pas américaine.

En filigrane, on devine tout de même que les services de renseignement et les responsables militaires s'inquiètent du fait que la Chine ou la Russie puissent actuellement expérimenter une technologie hypersonique totalement nouvelle et inconnue des États-Unis.

Le rapport contient également des photos prises par des pilotes de la Marine américaine au large de la côte ouest et des vidéos enregistrées par la Marine au même endroit. Les engins sont difficilement identifiables et ils ont été référencés sous les titres *Metallic Blimp*, *Sphere* ou encore *Acorn* (Dirigeable en métal, Sphère et Gland) On trouve aussi en appendice la vidéo d'un objet en forme de pyramide filmé en infrarouge au-dessus du destroyer américain USS Russell (paradoxalement, c'est une forme et un type d'ovni bien connu des ufologues sous le nom de « Triangle noir ». Les chercheurs l'associent à un engin secret issu des *blacks programs* américains (voir *Ikaris* n°15 sur le Triangle de l'Illinois). Le rapport évoque enfin, bien entendu, l'incident des ovnis en forme de « Tic-Tac » filmés au large de la Californie du Sud en 2004, et la fameuse sphère grise plongeant vers l'océan non loin du croiseur léger USS Omaha en juillet 2019.

Le rapport inclut une vidéo prise en mer (vision nocturne), une série d'images infrarouges granuleuses et des photos de smartphone capturées depuis le cockpit d'un chasseur FA-18. La plupart de documents étaient déjà connus.

IKARIS

Dirigeable en métal   Sphère

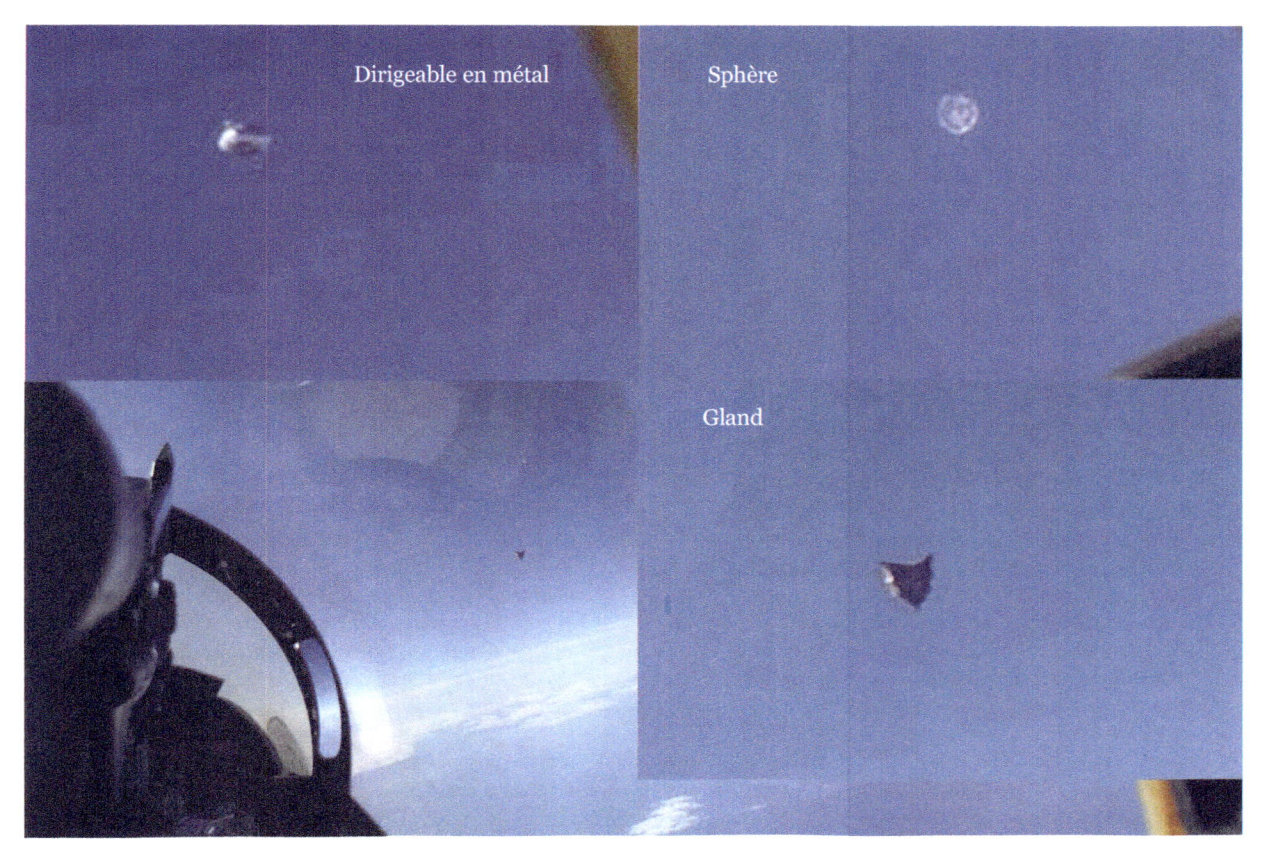

Gland

Les clichés déclassifiés ne sont pas extraordinaires, mais le Pentagone affirme que les ovnis ne sont pas le fruit d'une technologie secrète américaine. Il semble que les explications impliquants la planète Vénus et les gaz des marais ont vécu !

DES OVNIS ALIENS, RUSSES OU CHINOIS ?

Alors que le rapport exclut essentiellement que la propulsion des ovnis répertoriés puisse être le fruit d'une technologie militaire secrète américaine, on peut logiquement se poser deux questions. Est-ce bien la vérité ? Et si oui, comment ces engins pourraient-ils être russes ou chinois, alors que ces deux nations semblent pour l'heure n'avoir aucune supériorité technologique flagrante sur les Américains ?
En effet, si les appareils inconnus observés étaient des avions chinois ou russes, cela suggérerait que les recherches hypersoniques d'une ou des deux grandes puissances rivales des États-Unis ont de très loin dépassé les compétences et la technologie de la nation la plus avancée au monde en matière de propulsion.
Harry Reid (membre du Parti démocrate et ancien sénateur du Nevada au Congrès des États-Unis qui a milité pour obtenir ce rapport) avait déclaré il y a des années que la Russie et la Chine étudiaient eux aussi les ovnis, mais qu'il était convaincu que ces deux nations n'en savaient pas plus que les États-Unis à leur sujet.
Quant à Luis Elizondo (ancien responsable du programme d'identification AATIP au sein du Pentagone pendant 10 ans), il a déclaré en mai 2021 :
« La technologie observée par les pilotes américains est bien au-delà de tout ce qui est connu sur Terre. C'est juste quelque chose que nous ne comprenons vraiment pas. Nous avons exactement les mêmes questions que la Chine et la Russie, c'est sans doute une préoccupation commune. L'intérêt pour le phénomène est mondial et personne ne sait qui est aux commandes. »
Mais on peut s'interroger quand on se remémore des déclarations plus anciennes de Luis Elizondo !
En effet, d'un côté le Pentagone affirme que personne ne sait d'où viennent et qui pilote ces astronefs, et de l'autre, Luis Elizondo disait il y a quelques mois que le Pentagone était en possession de métamatériaux exogènes qui avaient été découverts par Linda Moulton Howe, puis confiés à l'industriel Robert Bigelow (voir notre dossier sur la récupération de métamatériaux d'origine extraterrestre et les déclarations de Tom Delonge page 25). Alors, quelle est la vérité ? L'origine extraterrestre des ovnis est-elle vraiment impossible à démontrer comme l'affirme le rapport ? De toute façon, après 70 ans de silence, on ne s'attendait pas à ce que le voile du secret soit levé en moins de six mois et le Pentagone semble toujours exceller dans l'art de communiquer de façon ambiguë. Malgré tout, même si le problème n'est pas réglé pour autant, une porte s'ouvre...

ACTUALITÉS - DIVULGATION

L'HYPOTHÈSE EXTRATERRESTRE N'EST PLUS EXCLUE

Ce qu'il faudra essentiellement retenir du rapport gouvernemental américain, c'est qu'il n'exclut plus l'origine extraterrestre de ces engins. C'est tout de même une grande avancée, que même les plus sceptiques d'entre nous devront reconnaître.

Et en même temps, cette concession était indispensable puisque le Pentagone a conclu que la technologie américaine n'était pas impliquée dans la plupart des cas. Le rapport ne fait donc aucune évaluation définitive de ce que pourraient être ces objets, mais ils ne sont pas américains et probablement pas non plus chinois ou russes. Et même si l'on ignore le contenu de la partie restée classifiée du rapport, on se dit qu'après avoir éliminé les postulats improbables d'un phénomène, le principe du rasoir d'Ockham (qui pousse le raisonnement dans les concepts de rationalisme et de nominalisme) a dû forcer le Pentagone à envisager sérieusement l'hypothèse extraterrestre, car c'est la plus logique.

Il en est de même pour Luis Elizondo qui a rejeté l'hypothèse que la Russie ou la Chine puisse être à l'origine de tous ces phénomènes aériens non identifiés. Il a d'ailleurs fait remarquer que la Russie avait déjà partagé une grande partie de ses informations sur les ovnis avec les États-Unis après la chute du mur de Berlin, tandis qu'à propos de la Chine, il est convaincu qu'elle accuse encore un important retard technologique par rapport aux États-Unis : « *Nous parlons là d'un pays qui, d'une manière ou d'une autre, devrait avoir au moins 1 000 ans d'avance technologique sur nous... Et il aurait gardé ce secret depuis des décennies alors qu'il aurait pu l'utiliser pour remporter n'importe quelle bataille sur cette planète ? Ça ne tient pas debout !* »

Évoquons également cette théorie très crédible qui voudrait que ces ovnis disposent de bases sous-marines ou évoluent sans peine sous la mer. Gary Heseltine, vice-président du groupe *International Coalition for Extraterrestrial Research*, a déclaré que les vidéos montrant des rencontres entre l'US Navy et des ovnis, ainsi que le rapport d'enquête du Pentagone étaient des *game changers* qui ouvraient une voie pour enfin expliquer l'inexpliqué.

« *On voit souvent des ovnis entrer et sortir de l'eau, alors on peut penser que dans nos océans et au fond des abysses les plus profonds, nous pourrions trouver des bases extraterrestres. Cela semble fou, mais si vous y réfléchissez, nous ne connaissons pas grand-chose de nos océans. Nous en savons plus sur la surface de la Lune ou de Mars. Nous n'en avons*

Ce n'est pas l'examen minutieux des 120 incidents répertoriés dans le rapport qui fournira des preuves sur l'origine extraterrestre des ovnis, mais l'hypothèse devient de plus en plus sérieuse et donc plus crédible aux yeux du grand public.

Ce rapport est finalement assez similaire à celui publié en 1947 sous le titre *Twining Memo*. Ce dernier avait été écrit par un général américain qui se disait dans l'impossibilité de conclure sur la nature exacte du phénomène.

exploré que 5 %, alors ça laisse beaucoup de place pour des bases sous-marines extraterrestres, et ça explique pourquoi on voit ces engins entrer et sortir de l'eau », a-t-il déclaré au site *The Sun Online*.
Une chose est claire, les engins que les pilotes basés sur l'USS Nimitz (et bien d'autres) ont rencontrés doivent être d'une technologie incroyablement avancée.
« Imaginez une technologie qui peut prendre 600 à 700 G, qui peut voler à 21 000 kilomètres à l'heure, qui peut échapper aux radars, qui peut voler aussi bien dans l'air que dans l'eau, et sans doute même dans l'espace, alors qu'on ne voit aucun signe évident de propulsion. Pas d'ailes non plus, pas de surfaces portantes, et pourtant ces engins peuvent défier les effets naturels de la gravité terrestre pendant des heures, voir des jours… Eh bien, c'est précisément ce que nous voyons ! », avait déclaré Luis Elizondo à l'antenne de *CBS* en mars 2020.

LES IMPLICATIONS SUR LA SÉCURITÉ NATIONALE

L'idée que des extraterrestres puissent être présents sur Terre monte en flèche depuis deux ou trois ans. Cette question paraît désormais légitime et suscite de plus en plus d'intérêt de la part des masses populaires.
Elle apparaît aussi comme un nouveau domaine de recherche que beaucoup estimaient jusque-là réservé aux « illuminés avec des chapeaux en aluminium », aux spéculateurs et aux conspirationnistes… Mais c'est désormais le gouvernement américain qui est prêt à croire à l'hypothèse extraterrestre, et ça, ça change tout !
Un sondage Gallup effectué en 2019 avait même révélé qu'un tiers des adultes américains étaient d'accord avec l'idée que « *certains ovnis étaient des vaisseaux spatiaux extraterrestres visitant la Terre depuis d'autres planètes ou galaxies* ».
« *Nous vivons dans un univers incroyable* », avait déclaré Luis Elizondo, avant d'ajouter : « *Il y a toutes sortes d'hypothèses qui suggèrent que l'univers tridimensionnel dans lequel nous vivons n'est pas si facile à expliquer. Vous verrez qu'il nous réserve encore bien des découvertes.* »

LE MOT DES ANCIENS PRÉSIDENTS

Depuis quelques mois, l'intérêt des médias pour les ovnis a aussi été alimenté par les déclarations d'anciens présidents des États-Unis, tels Bill Clinton, Barack Obama ou Donald Trump.
Interviewé par son fils, Donald Trump a déclaré l'année dernière qu'il savait des choses « *très intéressantes* » sur Roswell, et dans une récente interview lors de l'émission *The Late Show*, Barack

ACTUALITÉS - DIVULGATION

Obama a répondu ainsi à la question d'un journaliste sur l'actualité :
« *Eh bien, en ce qui concerne les extraterrestres, il y a certaines choses que je ne peux tout simplement pas vous dire à l'antenne [rires sur le plateau].
Ce qui est vrai, et là je suis vraiment sérieux, c'est qu'il existe des images et des enregistrements d'objets dans le ciel dont nous ignorons tout. Notre objectif est de découvrir si une autre nation utilise une technologie aéronautique révolutionnaire qui pourrait menacer la sécurité nationale des États-Unis.* »
Quant à Bill Clinton, il a déclaré en juin 2021 qu'il était convaincu qu'il y avait « *une vie ailleurs* » dans l'univers : « *Toutes ces choses qui volent là-haut, nous ne savons pas ce que c'est, et nous ne les avons pas encore complètement identifiées. Gardez à l'esprit qu'il y a des milliards de galaxies dans notre univers qui est en constante expansion. La probabilité est grande qu'il y ait de la vie ailleurs.* »

CONCLUSION

En résumé, le rapport du Pentagone avance que ce qui était considéré comme de la science-fiction est désormais un fait scientifique, et il souligne l'incapacité des États-Unis à se défendre contre la technologie mise en œuvre par ces engins s'ils devenaient hostiles.
Après avoir pris connaissance de cet aveu d'impuissance, Luis Elizondo a ajouté qu'aucun des phénomènes étudiés ou répertoriés ne semblait provenir d'une nation terrestre.
Ni les sources citées, ni la documentation fournie, ni les cas listés ne font référence à des véhicules fabriqués quelque part dans le monde, que ce soit par les Chinois, les Russes ou les Américains, mais elles font toutes référence « *à une technologie du domaine de l'inexplicable* ».
Les services de renseignement américains avaient officiellement fermé le « livre » sur les phénomènes aériens non identifiés en 1969 avec la conclusion du *Projet Blue Book* qui déclarait que la quasi-totalité des cas observés étaient explicables. Mais au cours des trois dernières années, il y a eu un revirement brutal de cette politique du déni. Certains seront déçus par ce qui vient d'être annoncé, mais c'est sans doute parce qu'ils ne prennent pas la mesure de la concession faite par le Pentagone... Il a même été confirmé au mois de juin dernier que la NASA s'intéressait elle aussi de près au phénomène ovni.
Quant à Marco Rubio, le président par intérim de la Commission sénatoriale spéciale du renseignement, il vient publiquement d'exprimer sa préoccupation face aux informations faisant état d'avions non identifiés autour de bases militaires américaines.
Alors certes, les responsables de l'administration Biden n'ont pas fourni les preuves d'une présence extraterrestre sur Terre, mais ne boudons pas notre plaisir quand ils déclarent : « *L'hypothèse extraterrestre ne peut plus être exclue !* »

« *C'est une technologie en avance sur notre arsenal militaire d'au moins 100 ou 1 000 ans !* »
(Sean Cahill, pilote de la Marine américaine).

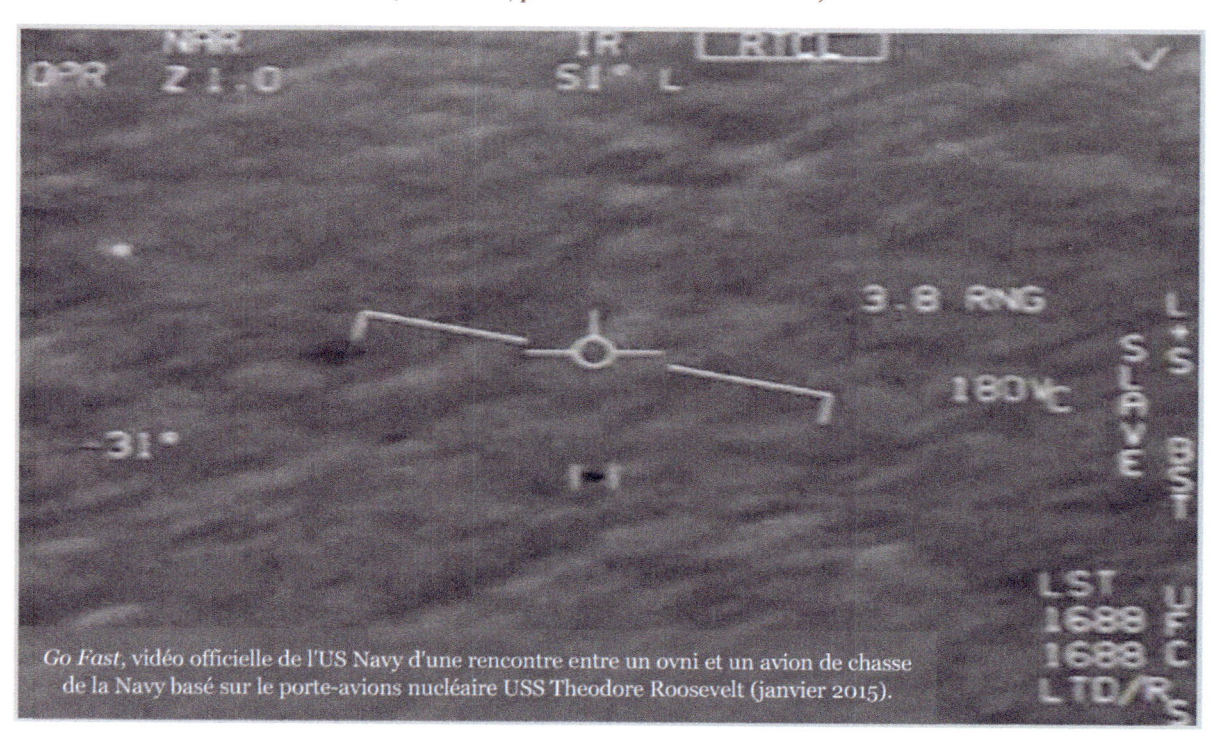

Go Fast, vidéo officielle de l'US Navy d'une rencontre entre un ovni et un avion de chasse de la Navy basé sur le porte-avions nucléaire USS Theodore Roosevelt (janvier 2015).

LES AVENTURES D'IKE ARIS
« ENQUÊTEUR DU MYSTÈRE »

ACTUALITÉS - DIVULGATION

L'action des ovnis bientôt considérée comme un acte de guerre par le Département de la Défense ?

« Après avoir réussi à verrouiller la cible sur mon radar, il y a eu des choses incroyables qui se sont déroulées. L'engin que je poursuivais a commencé à avoir des mouvements erratiques à une vitesse incroyable. Soudain, j'ai commencé à voir des lignes stroboscopiques de brouillage sur mon radar de bord qui m'ont indiqué que mon système électronique de poursuite de tir venait d'être neutralisé. »
Chad Underwood, le pilote qui a filmé l'ovni en forme de « Tic-Tac » pour le gouvernement américain en 2004

La veille du 25 juin 2021, alors que tout le monde attendait le rapport du gouvernement demandé par l'administration Trump six mois plus tôt, une nouvelle vidéo a fuité, montrant des membres du personnels de la marine à bord du croiseur léger USS Omaha qui faisaient face à un ovni au-dessus de l'océan. Cette fois, l'objet était de forme sphérique et on le voyait effectuer une descente lente et contrôlée vers la surface de l'eau.

L'USS Omaha en juillet 2019 qui navigue dans les eaux territoriales américaines au large des côtes du sud de la Californie.

L'amiral Michael Gilday

USS Omaha

Chad Underwood

IKARIS

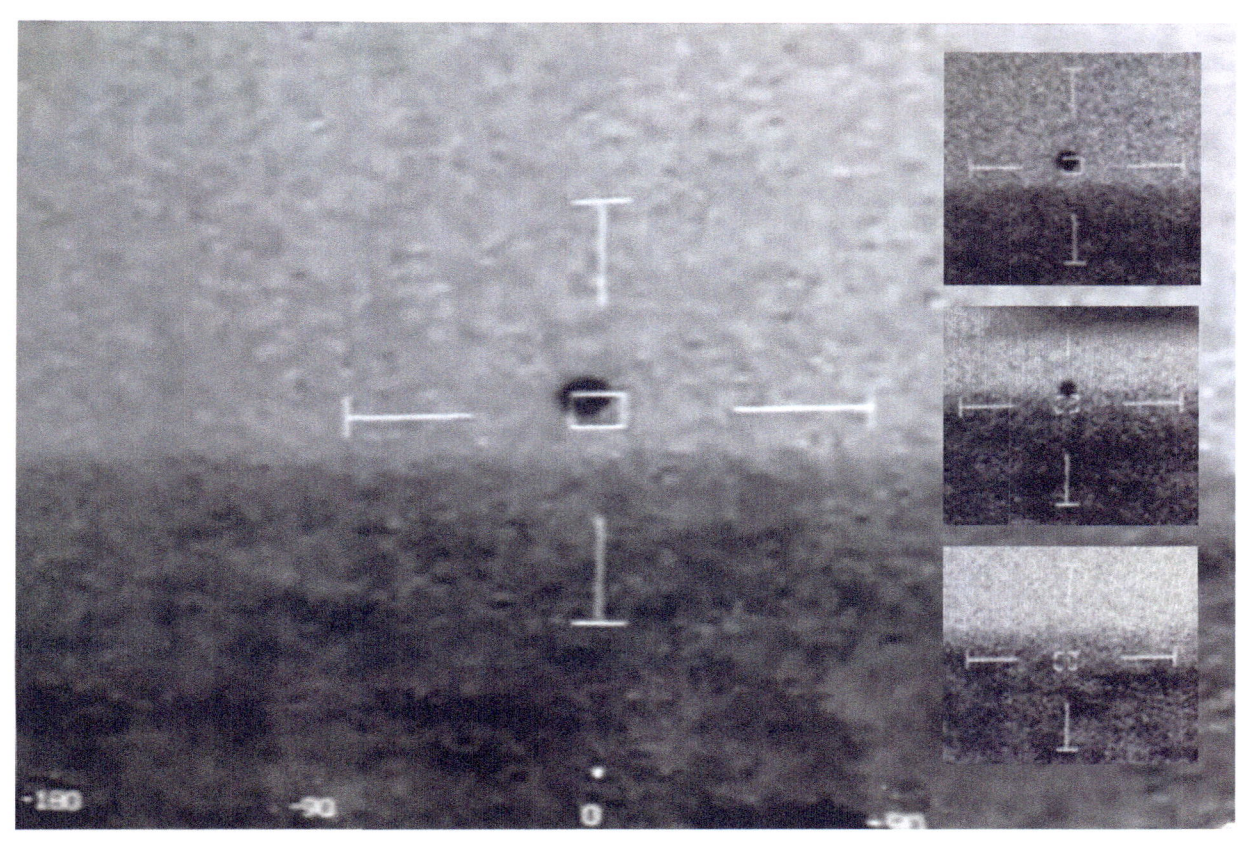

La nouvelle vidéo montre un objet sphérique effectuant un vol contrôlé au-dessus de l'océan pendant quelques secondes. Soudain, il plonge sous les vagues pour ne jamais réapparaître...

L'objet a été filmé par une caméra à bord du croiseur alors qu'il naviguait au large de San Diego en juillet 2019. Sur la bande audio on peut entendre deux membres d'équipage non identifiés s'exclamer : « *Wow, il a éclaboussé tout autour de lui en entrant dans l'eau.* » L'engin a ensuite dû s'y enfoncer profondément, car il n'est jamais réapparu à la surface.

C'est toujours aussi étrange ce qui se passe là-bas, et dans un communiqué daté de mai 2021, un porte-parole du Pentagone a déclaré : « *Je peux confirmer que les photos et les vidéos issues de l'USS Omaha ont été prises par le personnel de la Marine. L'UAPTF va inclure ces incidents dans ses futures investigations.* »

À ce jour, aucune théorie n'a donc été avancée pour expliquer cette nouvelle observation qui vient encore confirmer qu'une incroyable activité d'objets volants non identifiés se produit au large de San Diego depuis au moins 2004. C'est aussi la même interrogation pour l'amiral Michael Gilday, le chef des opérations navales des États-Unis, qui a admis qu'il n'avait aucune explication à fournir à propos des mystérieux engins non identifiés qui avaient « menacés » quatre destroyers américains en juillet 2019 (en les poursuivant jusqu'à 100 milles marins au large des côtes californiennes). L'engin visible sur la vidéo et qui plonge dans l'eau n'était donc pas isolé.

L'amiral Michael Gilday concède cependant qu'une enquête sur ce qu'il appelle les UAV (Unmanned Aerial Vehicles) est toujours en cours.

Depuis, des journaux de bord des navires incriminés et des courriels internes de la Marine en lien avec cette observation ont été divulgués en vertu de la loi sur la liberté d'information, et ils ont permis d'affirmer que ces engins avaient des capacités de vol supersonique bien supérieures à celle de tous les drones connus par la marine américaine.

Le 25 juin 2021, un pilote de l'US Navy a aussi expliqué à la presse que lui et ses collègues s'étaient finalement habitués à croiser des ovnis au large des côtes de la Virginie, car quand ils étaient en mission dans ce secteur, lui et les autres pilotes voyaient ces engins presque tous les jours de l'année. Quant à l'ancien lieutenant de Marine Ryan Graves, qui avait observé les ovnis en forme de « Tic-Tac » entre l'été 2014 et mars 2015 au large de la Virginie et de la Floride, il a déclaré dans l'émission *60 minutes* qu'il pensait que ces engins étaient une menace pour la sécurité nationale des États-Unis :

« *Je suis inquiet, vous savez. S'il s'agissait d'avions tactiques d'un autre pays qui vient nous narguer, c'est un énorme problème, car nous sommes complètement impuissants face à de telles performances.* » ∎

UFOLOGIE

Des aéronefs à décollage et atterrissage verticaux aux soucoupes volantes

Les États-Unis face au défi de l'antigravité

Le système de propulsion ultime pour les vaisseaux spatiaux a-t-il été découvert ?

« Le Dr Hermann Oberth m'a dit en 1961 : "Avec une propulsion ordinaire, de telles accélérations et manœuvres violentes mettraient la structure de l'avion en danger. De plus, la force de gravité écraserait toutes les personnes à bord contre l'arrière ou les côtés de la machine. Et ces mêmes forces s'appliqueraient simultanément à la structure de l'engin. Mais avec un système de propulsion basé sur l'antigravité, toutes ces contraintes disparaîtraient. Et dans les changements rapides de vitesse et de direction, même les passagers ne ressentiraient rien." »
Donald E. Keyhoe (aviateur américain, 1967)

Dans les années 1950, Donald Keyhoe devint très populaire en affirmant que le gouvernement des États-Unis dissimulait ce qu'il savait sur les ovnis.

IKARIS

L'Enterprise (Star Trek)

Tout au long de l'histoire, de nouvelles découvertes ont bouleversé les vieilles théories. Et un jour, les lois de la conservation de la masse et de l'énergie seront battues en brèche par celles de l'antigravité.

En juin 2021, les révélations du Pentagone et la diffusion de son rapport *UAP Task Force* ont laissé entendre que sur les 144 cas d'ovnis répertoriés, 143 étaient inexpliqués et pouvaient donc être assi-milés à des engins secrets chinois, russes ou encore extraterrestres…
Cette hypothèse pose une question essentielle : dans le cas où ces engins ne seraient pas extraterrestres, sont-ils d'origine humaine ? Et si oui, comment fonctionnent-ils ? Nous allons essayer de répondre à ces questions dans le cadre de notre étude *Des aéronefs à décollage et atterrissage verticaux aux soucoupes volantes* démarrée dans le n° 1 du magazine, et nous verrons en conclusion que la seule hypothèse possible (en dehors bien entendu de celle des extraterrestres) serait qu'un formidable secret autour de l'antigravité aurait été découvert par une grande puissance mondiale.

QUE POUVONS-NOUS ATTENDRE DE L'ANTIGRAVITÉ ?

De nos jours, la quasi-totalité des scientifiques nous dirait qu'il est inconcevable et inimaginable qu'une grande puissance ait pu mettre au point un moteur qui utiliserait l'antigravité comme source d'énergie. Parmi ceux-là, les plus optimistes diraient sans doute que ce sera possible un jour, mais qu'il faudrait probablement attendre un bon siècle avant d'en avoir les prémices… Puis, il y a les autres, très minoritaires, souvent marginalisés ou intéressés par le phénomène ovni, qui pensent que l'antigravité pourrait déjà être utilisée grâce à une percée technologique soudaine réalisée après la récupération d'un ou plusieurs engins extraterrestres dans les années 40 ou 50.
Si l'antigravité avait déjà été maîtrisée par des physiciens pour faire voler des engins en secret, les perspectives pour notre industrie aéronautique et spatiale seraient fantastiques. Évidemment, notre exploration du système solaire ferait aussi un extraordinaire bond en avant, nous pourrions nous passer des fusées et de leur carburant pour aller facilement n'importe où et sur n'importe quelle planète. Nous pourrions même construire des engins aux caractéristiques de vol similaires à ce que nous avons observé sur les ovnis au cours des soixante-dix dernières années.

UFOLOGIE

Sur les 144 cas étudiés par le groupe de travail sur les phénomènes aériens non identifiés (PAN), 143 restent non élucidés. Les performances des ovnis pourraient être liées à l'utilisation de l'antigravité.

Mais revenons un instant sur Terre et à ce que disent la majorité écrasante des scientifiques, c'est-à-dire qu'envisager de construire en 2021 un appareil qui pourrait fonctionner sur le principe d'une propulsion utilisant l'antigravité est totalement ridicule !
Et pourtant, cette option ne l'est sans doute plus tant que ça depuis la parution des conclusions du rapport (UAPTF) du Pentagone le 25 juin dernier.
Certains responsables de la NASA commencent même à déclarer qu'ils font des recherches vers l'antigravité et ils avouent même que c'est une des rares technologies qui pourrait faire face aux enjeux des siècles à venir, c'est-à-dire réaliser des voyages spatiaux et interplanétaires :
« Ce qui semble encore être de la science-fiction doit quand même être étudié, cela vaut la peine d'être essayé. Une machine qui réduit, même légèrement, la gravité sur les sites de lancement d'engins spatiaux pourrait nous faire économiser des sommes d'argent très importantes et alléger considérablement le poids d'une fusée. »
Ron Koczor, directeur adjoint de la section science et technologie au Space Science Laboratory du Marshall Space Flight Center de la NASA (Huntsville, Alabama), a d'ailleurs commenté cette petite phrase de la NASA, et souligné qu'elle était apparue dans une revue scientifique crédible et que cela avait vraiment attiré son attention, car la NASA semblait faire allusion à des expérimentations en cours très confidentielles.

D'après ses informations, l'agence spatiale américaine aurait d'ailleurs signé l'année dernière un contrat de 600 000 $ avec la société Superconductive Components Inc. à Columbus (Ohio) pour mettre au point un système de réduction de masse inertielle sur une fusée.
En 2016, des brevets ont aussi été déposés par Salvatore Cezar Pais (secrétariat de l'US Navy) pour le compte des États-Unis qui se réfèrent à des supraconducteurs à température ambiante et à induction piézoélectrique, un générateur d'ondes gravitationnelles à haute fréquence et un système embarqué de réduction de masse inertielle pour des vaisseaux.
Dans le principe d'application de ces brevets, on explique qu'ils utiliseraient les parois creuses d'un engin pour les remplir d'un gaz qui serait soumis à des ondes électromagnétiques dans l'objectif de créer un vide ou une sorte de bulle d'antigravité autour de l'appareil.
En fait, ces brevets utilisent ce qui s'apparente aux prémices d'un engin utilisant l'antigravité comme principe de vol, car utilisés conjointement, ils peuvent réduire la masse d'un avion et par conséquent son inertie (nous y reviendrons en détail dans la suite de ce dossier et avec des exemples concrets dans le prochain numéro).
Les plus sceptiques disent cependant que la notion de « bouclier de gravité » viole les lois fondamentales de la physique d'Einstein. *« La théorie de la gravité est assez bien établie, et je ne la vois pas s'inverser »*, a même déclaré Francis Slakey, professeur de physique à

l'université de Georgetown, avant d'ajouter que « *le projet de la NASA est de l'argent gaspillé qui aurait pu être mieux utilisé en faisant de la science spatiale légitime* ».

ANTIGRAVITÉ : ET SI NOUS AVIONS FINALEMENT PERCÉ SES SECRETS ?

Depuis la fin des années 40, au moins six agences gouvernementales américaines recherchent l'origine des ovnis, et surtout les moyens mis en œuvre pour les faire fonctionner. Ce qu'ils ont toujours voulu comprendre, c'est le secret qui permettait à ces engins d'avoir un contrôle apparent sur la gravité terrestre.

Quand les radars ont été généralisés aux États-Unis à la fin des années 40, tous les organismes de défense se sont retrouvés face à des échos d'objets volants non identifiés qui se déplaçaient bien plus vite que tous les avions de l'époque, y compris ceux qui étaient équipés des fameux statoréacteurs qui venaient juste d'être inventés... En fait, rien ne pouvait rivaliser avec les performances observées (vitesses et accélérations détectées par les radars ou constatées par les pilotes), et au cours des décennies suivantes, ces engins ont toujours été capables de voler seuls ou en formation pendant des heures sans ravitaillement alors qu'aucun avion n'en a jamais été capable. Dès 1948, le rapport *Estimate of the Situation* (SIGN) expliquait aussi qu'au vu des performances aériennes de certains ovnis, il était impossible de les assimiler à des phénomènes naturels.

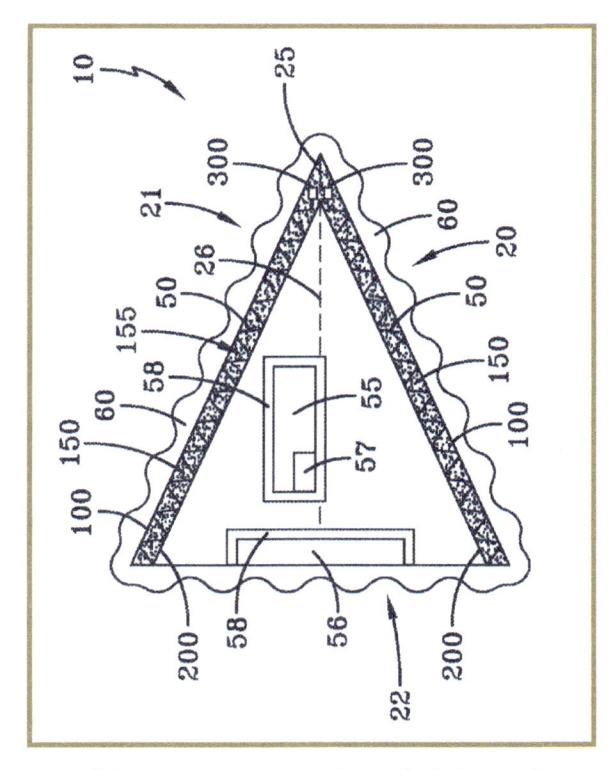

Schéma accompagnant la demande de brevet de Salvatore Pais concernant un engin utilisant un dispositif de réduction de masse inertielle.

Albert Einstein a écrit que la gravité pouvait être considérée comme une courbure de l'espace-temps qui se produit inévitablement autour d'objets massifs tels que les planètes et les étoiles, mais nous observons des engins volants non identifiés qui semblent contrecarrer cette force.

UFOLOGIE

La Zone 51 vu par le film Independence Day *(1996)*

Un grand nombre de sociétés spécialisées dans l'armement, dont Bell Aerospace, General Electric, Hughes Aircraft, Boeing et Douglas travaillent actuellement sur des systèmes de propulsion utilisants de l'antigravité.

Notons également que derrière les « soucoupes volantes » aux reflets argentés observées juste après la Seconde Guerre mondiale, aucun gaz d'échappement n'était visible. Il est donc clair qu'elles utilisaient déjà un type de propulsion « non conventionnel » à cette époque. Maïs les accélérations et les manœuvres incroyablement rapides des ovnis ne pourraient-elles pas être reproduites par des avions construits avec la technologie du XXIe siècle ? Selon le dernier rapport du Pentagone, c'est une hypothèse qu'il faut envisager très sérieusement, mais si c'est bien le cas, quel type de propulsion pourraient rendre possible de telles évolutions dans le ciel ? Il n'y a qu'une seule réponse possible, l'antigravité ! Cela signifierait qu'une grande nation de notre planète a découvert « un secret » qui lui permet de créer des champs de gravité artificiels capables de contrôler la force de gravité terrestre… Exactement comme le font les ovnis observés depuis la fin des années 40 !

ANTIGRAVITÉ : DU RÊVE À LA RÉALITÉ ?

Alors, avons-nous déjà percé le secret de l'antigravité ? C'est une hypothèse très sérieuse que nous avions déjà évoquée en octobre 2019 avec les fameux « black programs » de l'armée américaine, au moment même où des internautes avaient menacé d'envahir la Zone 51 pour pousser le gouvernement américain à dire ce qu'il savait sur les extraterrestres.

En effet, les amateurs d'ovnis avaient envisagé d'aller chercher directement sur place ce que cachait la fameuse base secrète du Nevada.

De toute évidence, c'est bien là-bas qu'il fallait aller chercher des réponses, car depuis le milieu des années 50, l'USAF espère réaliser sur cette base une percée technique extraordinaire dans le domaine de la propulsion. Des fonds très importants et non répertoriés dans les budgets militaires ont été investis dans des projets de recherche « aux frontières de la science » qui tournent tous autour du contrôle de la gravité et de ses applications aéronautiques.

À elle seule, l'armée de l'air gère ou a géré au moins 93 de ces projets, et de nos jours bien d'autres sont répartis au sein d'agences ou d'entreprises privées comme celle de Robert Bigelow, Bigelow Aerospace. Lorsque l'on consulte les nombreuses pages Wikipédia qui sont consacrées à l'antigravité, on peut découvrir qu'environ 46 projets gouvernementaux « officiels » traitent de ce sujet.

Ils comprennent des expériences ou des recherches dans deux laboratoires de l'Air Force (le Flight Dynamics et le General Physics Research), au Massachusetts Institute of Technology et dans

IKARIS

plusieurs autres centres d'ingénierie technique. En outre, des projets officiels sont aussi en cours dans des laboratoires de l'Institut israélien de technologie et les universités de Californie, de Denver, de Harvard, d'Indiana, de Manchester (Angleterre), du Maryland, du Michigan, du Minnesota, de l'Ohio, de Stockholm (Suède).

Certaines agences gouvernementales ont aussi des programmes de recherche si secrets qu'ils ne sont bien entendu pas enregistrés publiquement et qu'ils ne seront jamais répertoriés dans l'encyclopédie en ligne.

Puis, il faut aussi compter tous les acteurs de l'industrie spatiale et militaire privée (Bell Aerospace, General Electric, Hughes Aircraft, Boeing, Douglas, Lockheed Martin) qui travaillent eux aussi autour du contrôle de la gravité avec des résultats spectaculaires et des dépôts réguliers de brevets. On peut même penser qu'avec les recherches en cours aux États-Unis, en Chine et en Russie, la plus grande concentration de cerveaux scientifiques et techniques travaille sur ce sujet.

Quant aux ufologues, ils sont nombreux à être convaincus que les vaisseaux spatiaux extraterrestres qui visitent la Terre utilisent forcément l'antigravité, et qu'à la suite d'un crash, une épave a pu être récupérée par des ingénieurs militaires et que cela les avait beaucoup aidés dans leurs recherches (à base d'ingénierie inverse, voir *Ikaris* HS 6 sur le groupe Majestic-12 et le crash de Roswell).

Ce ne sont que des spéculations et de nos jours, tous les ingénieurs aéronautiques sont d'accord sur une chose : l'énergie, l'inertie et les champs gravitationnels sont différents aspects d'une seule et même chose, et il est impossible de séparer leurs effets les uns des autres. Ce qui laisse penser que les champs de force mis en jeu par l'antigravité peuvent à la fois être utilisés pour annuler les effets de la gravité terrestre et pour accélérer des objets matériels dans les trois dimensions de l'espace.

Et cette gravité terrestre pose d'autres problèmes, les constructeurs d'avions et de fusées doivent fournir des moteurs très lourds et emporter d'énormes poids de carburant, uniquement pour la compenser. Son annulation pourrait donc réduire ou mettre fin à ce problème... Il est donc évident que désormais toutes les recherches se focalisent sur cet objectif ultime qui est de générer de l'antigravité et surtout d'en contrôler la puissance... Cela entraînera bientôt un saut technique et une révolution dans le domaine de l'énergie et des transports bien plus grands que la découverte de l'énergie atomique !

UNE TECHNOLOGIE DE L'AVENIR OU DÉJÀ DU PASSÉ ?

Malgré la fermeture en 2012 de l'Advanced Aerospace

Des centaines de rapports d'ovnis déclassifiés nous laissent penser que l'antigravité est au cœur du secret américain, et pourtant personne n'est en mesure de dire qui pilote ces engins.

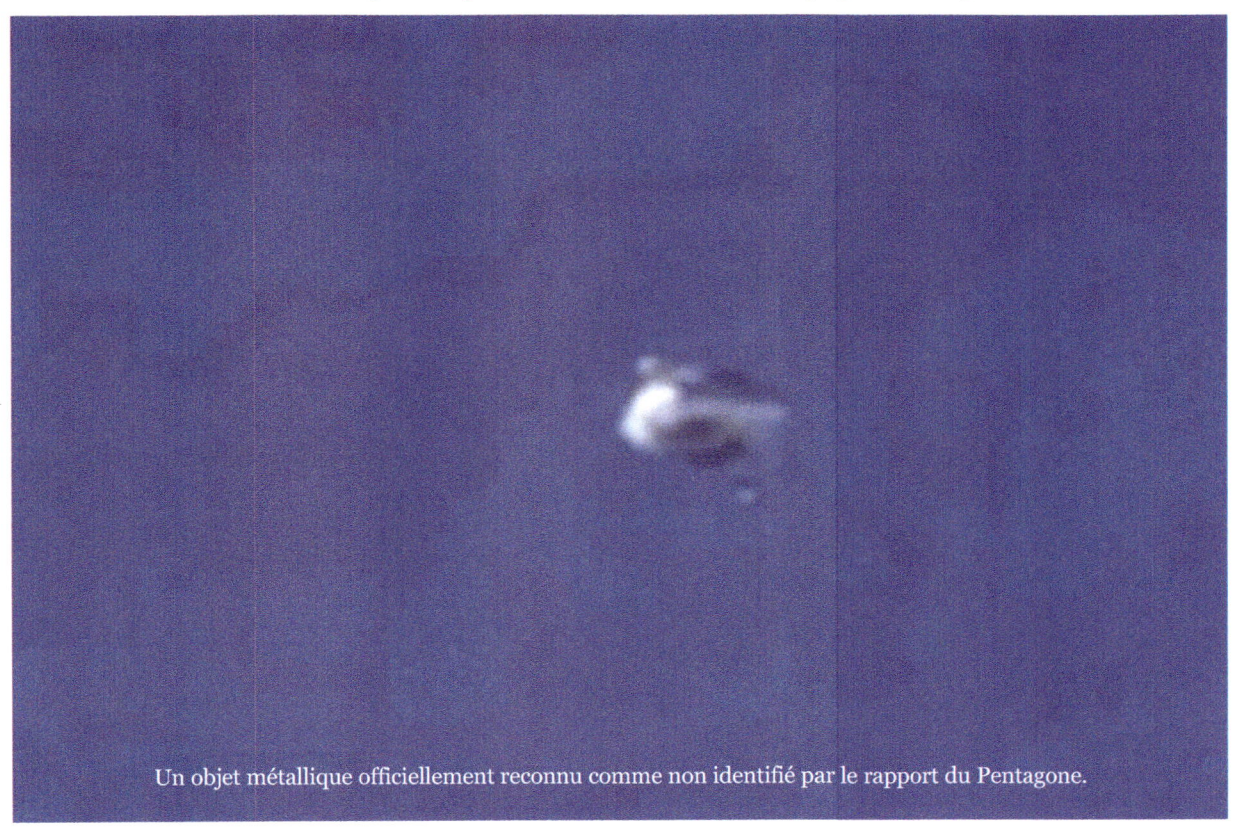

Un objet métallique officiellement reconnu comme non identifié par le rapport du Pentagone.

UFOLOGIE

Threat Identification Program ou AATIP (programme d'identification des menaces aérospatiales avancées), on sait aujourd'hui, grâce à son ancien directeur Luis Elizondo, que l'Air Force et la Navy étudient toujours les ovnis et que ces agences encouragent même tous les pilotes à témoigner lorsqu'ils aperçoivent quelque chose d'inhabituel dans le ciel. Les pistes autrefois négligées ne le sont plus et les ovnis sont désormais pris très au sérieux, essentiellement (et on peut le déplorer) parce qu'ils sont considérés comme une menace pour la sécurité nationale des États-Unis.

Désormais, au sein même de la Navy, à chaque fois que des pilotes observent des rayonnements élevés, des sources de chaleur qui ne sont pas liées à la sortie de gaz de tuyères ou des interférences électriques, on suppose que ces phénomènes sont les effets du déploiement à bord de ces engins de dispositifs de contrôle de la gravité.

Quant aux occupants éventuels de ces vaisseaux, ils devraient normalement être soumis aux fameux G, ce phénomène physique qui, lorsqu'il est égal à 1, nous permet de tenir assis sur notre chaise au quotidien. Mais on a calculé à partir des données radars captées sur les fameux ovnis en forme de « Tic-Tac » observés autour du porte-avions Nimitz que leurs éventuels pilotes auraient subi 5 à 6 fois les 7 ou 8 G maximum que le corps humain est en mesure de supporter avant l'évanouissement (c'est même la mort assurée si une telle force se prolonge plus d'une dizaine de secondes sur le cerveau).

Même si l'attraction gravitationnelle qu'exerce la Terre sur les objets au sol ou à des altitudes de vol moyennes est assez faible dans l'absolu, la seule façon d'annuler cette force serait de créer un champ d'antigravité autour d'un engin. D'ailleurs, de plus en plus d'ufologues pensent que beaucoup d'avions issus des *black programs* sont déjà équipés de ce type de technologie.

CONCLUSION

Comme toujours en ufologie, rien n'est simple... Il est bien difficile, malgré toute notre bonne volonté, de faire avancer la recherche et de nous faire une idée claire et définitive de la situation, surtout avec le peu d'information que le Pentagone daigne nous donner. On se souviendra tout de même que l'ingénieur Bob Lazard affirme avoir travaillé entre 1988 et 1989 dans le secteur S4 près de la Zone 51.

Burkhard Heim est devenu gravement handicapé à l'âge de 19 ans à la suite d'une explosion survenue dans le laboratoire de recherche où il travaillait pendant la Seconde Guerre mondiale. L'accident lui valut l'amputation des deux mains et elle le laissa quasiment sourd et aveugle. Il devint cependant un grand physicien et formula une nouvelle « théorie du tout » qui est censée concilier relativité générale et physique quantique.

IKARIS

Les sous-traitants de la NASA (comme SpaceX) cherchent à mettre au point des vaisseaux spatiaux où les astronautes ne ressentiraient plus l'effet de l'apesanteur. Pour les voyages spatiaux, ils cherchent à utiliser l'antigravité comme aide au décollage, puis le système s'inverserait pour créer une gravité artificielle une fois dans l'espace.

A-t-il raison quand il affirme que l'armée des États-Unis est déjà en possession d'engins fonctionnant sur le principe de l'antigravité ? Ces avancées technologiques révolutionnaires ont-elles été possibles après le crash d'un vaisseau extraterrestre à Roswell en 1947 ?
Quoi qu'il en soit, les physiciens ont commencé à comprendre au début des années 60 qu'il existait un lien étroit entre la gravité et les champs électromagnétiques. Dès 1964, Burkhard Heim (1925-2001), un scientifique allemand qui devenu gravement handicapé à l'âge de 19 ans à la suite d'une explosion survenue dans le laboratoire de recherche où il travaillait pendant la Seconde Guerre mondiale, a réussi à formuler, dans le plus grand isolement, des résultats de recherche qui sont aujourd'hui connus sous le nom de théorie de Heim. C'est le premier savant à avoir proposé une « théorie du tout » censée concilier relativité générale et physique quantique.
Ses hypothèses mathématiques et physiques sont aujourd'hui considérées comme de la pseudoscience, mais elles pourraient bien donner quelques bases précieuses pour qui souhaite contrôler la gravité.
En effet, Burkhard Heim affirmait que par l'intermédiaire d'expérimentations directes, il avait découvert une piste permettant de créer un champ d'antigravité autour d'un objet (sa trouvaille impliquait l'utilisation d'un champ intermédiaire, ni électromagnétique ni gravitationnel).
Il déclara en 1970 : « *Mes résultats, s'ils étaient appliqués à la conquête spatiale, permettraient une lévitation directe des fusées par l'intermédiaire d'une conversion instantanée de l'électricité en énergie cinétique sans aucun gaspillage. Les occupants et la structure de l'engin seraient également protégés contre tout effet d'accélération, aussi violent soit-il.* »
D'après A. R. Weyl qui fit une analyse des travaux de Burkhard Heim en 2012 pour le magazine britannique *Aeronautics*, son approche ne serait pas en conflit avec les lois connues de la nature, et même plutôt en accord avec la théorie de la physique quantique.
« *Si les théories de Burkhard Heim sont justes, les propriétés étonnantes communément attribuées aux "mystérieuses soucoupes volantes" seraient en fait le résultat d'une physique solide et d'une ingénierie appropriée* », a déclaré A. R. Weyl.
Les recherches destinées à percer le secret de l'antigravité sont donc bien engagées, et nous allons voir dans le prochain chapitre à quel point elles pourraient êtres abouties... ∎

UFOLOGIE

L'antigravité, le système de propulsion ultime des engins spatiaux ?

Les meilleurs scientifiques du monde veulent découvrir les secrets de l'antigravité

« Les scientifiques sont sensibles à leur réputation et beaucoup d'entre eux pensent encore que l'antigravité est une blague. S'ils connaissaient mieux les faits, ils seraient pourtant impatients de s'y pencher. »
Robert Forward (physicien spécialiste de la gravitation)

Si la plupart des scientifiques dans le monde ont peur d'être répertoriés parmi ceux qui s'intéressent à la propulsion des ovnis, c'est en partie dû à la censure et à la désinformation pratiquées par les forces aériennes et navales des États-Unis depuis des décennies.

Le PAK DA est un programme lancé en août 2009 qui doit fournir à la Russie un bombardier furtif subsonique de nouvelle génération. Il embarquera des technologies totalement inédites et encore secrètes.

IKARIS

Les membres de la collaboration ALPHA, basée au CERN, ont annoncé avoir réussi, grâce à un système laser, à refroidir pour la première fois un échantillon d'antimatière à un niveau proche du zéro absolu. C'est une avancée considérable pour les recherches sur l'antimatière et ses mystères.

Les censeurs de l'Air Force ont toujours caché les faits sur les observations d'ovnis, et ils ont également déprécié les travaux et les recherches de ceux qui osaient dire publiquement qu'ils s'inspiraient des observations d'ovnis pour faire avancer leurs recherches autour des systèmes de propulsion dits « exotiques »…

COMPRENDRE LES PRINCIPES ET LES ENJEUX DE L'ANTIGRAVITÉ

Dans cette partie, nous n'entrerons pas dans les détails techniques autour des principes physiques de l'antigravité, car ce serait la rendre rapidement trop complexe et peu agréable à suivre, mais soulignons qu'il faut bien faire la différence entre le concept d'antigravité et celui de magnétisme.

En effet, il est relativement simple de créer un champ magnétique, et la force de ce champ diminuera proportionnellement avec l'éloignement de la source magnétique. Mais lorsque l'on parle de champ antigravitationnel, notons bien que toute masse qui subit son effet est totalement libérée de l'effet gravitationnel (ce qui n'est pas le cas de la masse qui est soumise à un champ magnétique). Il n'y a donc plus de poids d'équilibre, et le champ antigravitationnel ne s'arrête pas brutalement au-delà d'une certaine distance. C'est justement cette propriété qui est révolutionnaire quand elle est utilisée dans un système de propulsion ! De plus, lorsqu'elle est plongée dans un tel environnement, la masse d'un engin ne subit plus d'inertie, de force ou de quantité de mouvement, et ce, quelle que soit sa vitesse ou son accélération. Et lorsque le champ antigravitationnel englobe totalement l'objet dans un « cube » ou dans une « bulle », cet engin n'a donc plus de quantité de mouvement (ou de force cinétique), puisque le champ agit instantanément sur tous ses atomes et leurs noyaux. Il se trouve alors un point d'équilibre où la poussée sur l'objet exercée vers le haut par l'antigravité est égale à la poussée vers le bas de la gravité (indépendamment de sa position dans l'espace). Dans les faits, c'est ce qui est observé sur la plupart des ovnis, lorsque les témoins constatent que l'engin ne manifeste pas d'inertie dans ses changements de direction, même s'il accélère, s'arrête sur place, puis repart dans la direction inverse.

Même les passagers à l'intérieur de l'engin ne sont plus soumis à la force gravitationnelle, et ce jusqu'à ce que le générateur du champ antigravitationnel soit coupé et que l'on assiste à la réapparition d'une force newtonienne sur toute la structure du vaisseau (voir les explications et les hypothèses de Miguel Alcubierre, Chris Mellon, Franck Milburn et Jack Sarfati pages 30 à 39).

UFOLOGIE

PAS D'ANTIMATIÈRE, PAS D'ANTIGRAVITÉ. MAIS COMMENT S'EN PROCURER ?

Qui dit « génération d'un champ antigravitationnel » dit action d'antimatière, puisque les deux sont étroitement liées. Tout d'abord, il faut savoir que l'antimatière existe à l'état naturel dans l'univers (dans la radioactivité naturelle ou dans les rayons cosmiques, par exemple), et que si elle entrait massivement en contact avec notre planète, elle pourrait nous annihiler en quelques secondes, libérant une quantité d'énergie considérable.

Et tant que nous ne sommes pas en mesure de parcourir l'univers pour nous en procurer à bon compte, si nous souhaitions construire des vaisseaux spatiaux fonctionnant avec cette substance, il faudrait que nous soyons en mesure d'en produire suffisamment et par nos propres moyens.

En effet, il est possible de créer artificiellement de l'antimatière en effectuant des collisions de particules de matière à très grande vitesse. Lors de la projection de deux particules l'une contre l'autre, leur collision produit de l'énergie qui se transforme en masse.

En théorie, pour créer un champ antigravitationnel il faudrait parvenir à inverser toutes les charges (négatives) des électrons d'un échantillon de matière pour qu'elles deviennent positives.

Une fois leurs potentiels énergétiques « inversés », les atomes ne seraient plus stables. Les électrons auraient alors des propriétés similaires à celles des trous noirs. Leur énergie s'enroulerait vers l'intérieur, vers leurs centres, et peut-être même hors de la troisième dimension (comme au cœur des trous noirs où nous ignorons ce que devient la lumière absorbée).

Ce sont des expériences risquées qui sont pourtant pratiquées dans le grand collisionneur de hadrons (LHC) à la frontière franco-suisse. Cet accélérateur de particules est le plus grand et le plus puissant du monde avec son anneau de 27 kilomètres de circonférence. Il est formé de milliers d'aimants supraconducteurs et doté de structures accélératrices qui permettent d'accroître l'énergie des particules à chaque passage dans la boucle.

Le LHC n'est capable de fabriquer que des quantités infinitésimales d'antimatière, et pourtant, depuis sa mise en service en 2008, quelques physiciens mettent en garde sur le risque de créer des mini « trous noirs » qui risqueraient « d'aspirer la Terre » si une réaction en chaîne non maîtrisée venait à se produire dans l'anneau. Ceci montre à quel point il est dangereux de vouloir manipuler l'antimatière. Ses effets sont aussi si destructeurs sur tout type de matière que l'on aurait bien du mal à la conserver en toute sécurité dans un

Grâce à l'antimatière, une masse peut bénéficier de l'effet d'un champ antigravitationnel afin de se frayer un chemin à travers l'espace-temps sans être contrainte par l'inertie due aux forces newtoniennes.

IKARIS

Les moteurs à réaction qui nécessitent d'embarquer d'énormes quantités de carburant dans les fusées feront bientôt partie du passé. La propulsion s'ouvre à de nouvelles sources d'énergie et les pistes sont multiples, comme la distorsion ou la propulsion exponentielle qui consiste à déformer l'espace et à modifier les lois de la physique.

collecteur si l'on souhaitait en produire de grandes quantités.
Si les États-Unis, la Chine ou la Russie souhaitaient tout de même se lancer dans une telle production, ces pays auraient le choix entre deux protocoles pour fabriquer de l'antimatière. Soit avec un réacteur à antimatière atomique, soit avec un système de particules/champ subatomique fonctionnant sur le principe du mouvement des vagues de particules.
C'est avec ce dernier principe qu'il est envisagé de poursuivre les recherches autour de la propulsion spatiale du futur, car (et pour faire simple dans nos explications) il utilise « *un effet de résonance avec l'oscillation gravitationnelle des planètes ou de tout corps cosmique* » (source : NASA).

LES PIONNIERS DE LA RECHERCHE SUR L'ANTIGRAVITÉ

Si une technologie basée sur l'utilisation d'antimatière permettant de créer des « bulles » d'antigravité autour de vaisseaux spatiaux est le futur de la propulsion spatiale, au début des années 50, les principes électromagnétiques et l'action d'aimants supraconducteurs (qui opèrent au niveau des particules subatomiques) avaient déjà été étudiés par de nombreux précurseurs dans ce domaine. Parmi eux, il y avait Thomas Brown, Otis Carr et John Searl. Ce dernier est un physicien chercheur qui a construit ses premiers disques électromagnétiques dans sa maison anglaise du village de Mortimer.
Ses prototypes, qui allaient de 1 à 5 mètres de diamètre, étaient constitués d'une armature composée de deux disques contrarotatifs dans lesquels il avait inséré une série d'électroaimants statoriques alimentés par un puissant générateur de courant.
Le centre du disque était chargé positivement et son périmètre négativement. Cette différence de polarité était en mesure de faire s'élever l'objet à la verticale avec une grande puissance. Et si on le posait sur le sol, un disque en rotation était capable d'arracher des touffes d'herbe et de laisser des traces dans la terre, comme le font certains ovnis justes avant de décoller brusquement vers le ciel.
À l'intérieur du disque « Searl », les nœuds gravitationnels alimentés en courant sous la partie inférieure résonnaient avec les nœuds de la structure atomique de la partie supérieure. Ainsi, la gravité était très temporairement inversée. C'est ce principe que nous allons voir en détail dans le prochain chapitre.

UFOLOGIE

« *Je connais le secret des soucoupes volantes* »

John Searl l'homme qui a construit ses propres soucoupes volantes

> « *Quand un scientifique distingué, mais âgé, déclare que quelque chose est possible, il a certainement raison. Mais quand il affirme que quelque chose est impossible, il a très probablement tort.* »
>
> Arthur C. Clarke (écrivain de science-fiction)

John Searl est né le 2 mai 1932 dans une famille anglaise très pauvre. Il est rapidement devenu un très bon technicien en électronique et il compte parmi ces nombreux inventeurs qui prétendent avoir découvert un moyen de générer de l'énergie gratuite et sans limites. Avec ses compétences multidisciplinaires, il a construit de nombreux prototypes de systèmes rotatifs en forme d'assiettes inversées l'une contre l'autre et il affirme avoir réussi à générer une certaine force d'antigravité permettant de faire voler ses dispositifs.

En 1952, les premières « soucoupes » construites par John Searl mesuraient entre 1 et 5 mètres. Le premier prototype aurait décollé si vite qu'il se serait perdu dans le ciel avant de retomber à plusieurs kilomètres de son point de départ.

IKARIS

En 1949, John Searl, qui était employé par le conseil d'électricité des Midlands en tant qu'installateur électronique et électrique, était passionné par tout ce qui touche à l'électricité et ses effets électromagnétiques.

DES RECHERCHES CONTROVERSÉES SUR L'ÉLECTRO GRAVITÉ

En 1949, John Searl découvrit qu'une faible tension (ou force électromotrice) était induite dans la structure d'objets en métal supraconducteurs et en forme de disques lorsqu'ils étaient en rotation. La charge négative était à l'extérieur et la charge positive autour du centre de rotation. Il a alors pensé que l'on pourrait utiliser les propriétés des électrons libres du dispositif qui étaient éjectés par la force centrifuge et qui laissaient une charge positive au centre.

Pour prouver qu'il avait raison, il construisit en 1952 une première génératrice d'environ un mètre de diamètre qu'il testa à l'extérieur de son atelier. D'après ses carnets de travail, elle aurait produit un puissant effet électrostatique sur les objets à proximité, accompagné de craquements et d'une odeur d'ozone.

En 1964, le magazine *Popular Mechanics* fait sa couverture sur l'Ionocraft, un ancêtre direct de l'avion à semi-conducteurs. C'était un prototype révolutionnaire proposé par Townsend Brown qui utilisait le vent ionique que l'engin générait directement vers le bas pour décoller, puis voler. On le décrivait comme un « incroyable tapis magique du futur », mais il fut très vite abandonné par son concepteur.

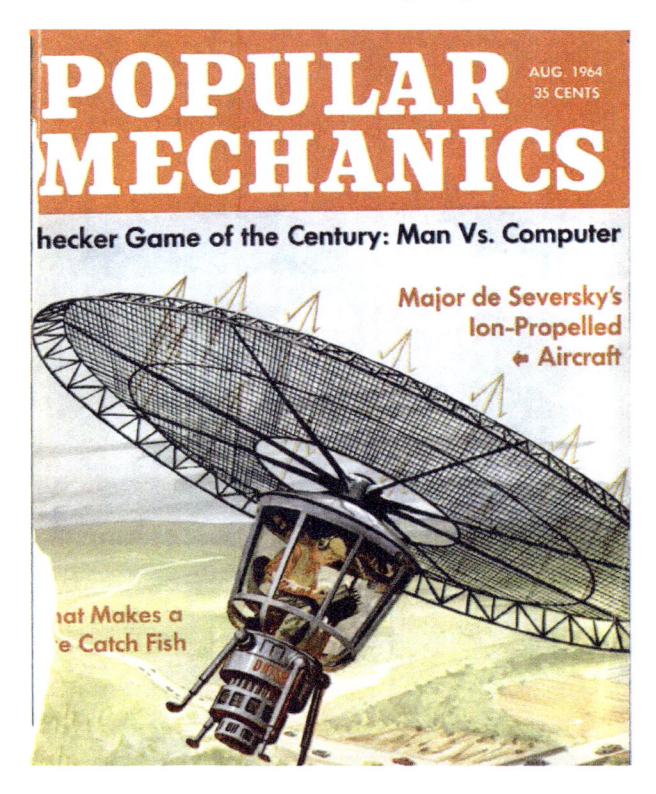

UFOLOGIE

La génératrice se serait ensuite soulevée du sol pour atteindre une hauteur d'environ 15 mètres, rompant ainsi sa connexion avec sa source électrique. Un halo rose serait apparu tout autour du disque, indiquant qu'il créait une ionisation de l'atmosphère tout autour de sa structure. John Searl souligne même dans ses notes que cet effet aurait été si puissant qu'il avait perturbé tous les récepteurs radio du quartier. Quelques minutes seulement après avoir décollé du sol, sa génératrice aurait atteint une vitesse de rotation critique qui lui fit prendre tellement d'altitude qu'elle serait allée se perdre dans le ciel...
On ne sait pas grand chose sur les dix années qui suivirent ces notes dans son carnet, mais au début des années 60, John Searl déclara que lui et son équipe d'ingénieurs avaient construit plus de 50 versions de « disques volants » avec des tailles différentes, et qu'ils avaient appris à contrôler tout ce qui concerne la phase d'envol du dispositif.
Il affirma aussi au début des années 1970 que l'un de ses engins avait fait le tour du monde à plusieurs reprises sans être détecté par aucune nation du monde, et qu'à la suite de cet exploit, il aurait été persécuté par les autorités américaines, ce qui lui aurait valu un emprisonnement injustifié et la destruction de la plus grande partie de son travail et de ses plans...

INVENTEUR DE GÉNIE OU GRAND MYTHOMANE ?
Personne n'a jamais su si John Searl avait découvert un nouveau principe autour de la magnétohydrodynamique, mais certains pensent qu'avec « l'effet Searl », il avait mis le doigt sur une véritable anomalie de la physique que personne n'arrive à expliquer.
En 2006, deux scientifiques russes, Vladimir Roschin et Sergei Godin (des spécialistes de la magnétogravitationnelle qui voulaient vérifier l'effet Searl) ont expérimenté un générateur de ce type.
Après avoir réalisé un prototype fonctionnel, ils ont déclaré avoir observé une réduction de poids de 35 % de leur génératrice, ainsi qu'une luminescence, une odeur d'ozone, des effets de champ magnétique anormaux et une chute de température autour du système.
Ils en ont conclu que la physique et les « principes inconnus » utilisés par l'Anglais ne pouvaient s'expliquer que par une implication de ce qu'on appelle l'éther (voir à ce sujet notre dossier sur Wilhelm Reich dans *Ikaris* n° 22 et celui sur les disques volants du IIIe Reich dans *Ikaris* HS 2), car sans l'action d'une force non identifiée de la nature, il serait selon eux impossible d'expliquer les résultats observés.
Cependant, constater des effets électrodynamiques sans pouvoir les expliquer ne veut pas forcément dire qu'il y a un effet de la génératrice sur la gravité réelle

Le générateur Searl se compose de plusieurs anneaux de type stator constitués de quatre matériaux différents et qui sont superposés de manière concentrique et fixés à une base.

IKARIS

Traduction du titre de l'article : « M. Searl prévoit d'offrir des excursions d'une journée sur la Lune ».

Au milieu des années 60, pour contrôler le vol de ses disques, John Searl les avait équipés avec un système innovant de relais de commutation de cellules qui les rendaient plus agiles et plus maniables. Mais le projet n'a jamais abouti à un prototype capable de voler correctement.

du disque qui la compose. En effet, constater les résultats d'une expérience est une chose, mais les expliquer en est une autre, et a priori ce n'est pas une tâche facile, même en 2021 !

LES RECHERCHES SUR L'ANTIGRAVITÉ ET L'ÉNERGIE LIBRE INTÉRESSENT BEAUCOUP L'ARMÉE AMÉRICAINE

On estime entre 2 000 et 3 000 le nombre d'expérimentateurs dans le monde qui mènent des recherches « non orthodoxes » sur des technologies allant au-delà des paradigmes scientifiques actuellement acceptés, y compris le contrôle de la gravité et les dispositifs à « énergie libre ».
Dans la totalité des cas, les observations en laboratoire sont difficiles à reproduire à grande échelle et la qualité des expériences et des théories sont souvent approximatives, voire burlesques.
Depuis le début des années 1920, des milliers de demandes de brevets ont été déposées et seul un État puissant comme les États-Unis a les ressources et la technologie nécessaires pour sélectionner les plus prometteurs d'entre eux, afin (peut-être) de réaliser des appareils volants fonctionnels…
Et dans ce domaine, la piste la plus sérieuse a été suivie à partir de 1952. C'était sans conteste celle qui se concentre autour des disques rotatifs et des dispositifs électrostatiques/magnétiques utilisant des électrodes fixes à haute tension, comme ceux de Thomas Townsend Brown (1905-1985) ou de John Searl.
Par exemple, en 1952 un général de l'USAF a assisté à une expérience de laboratoire au cours de laquelle Thomas Townsend Brown a fait une démonstration de lévitation sur un mini disque volant électrocinétique alimenté par une source électrique de 50 000 volts.
Thomas Brown avait découvert que si un condensateur électrique utilisait un matériau diélectrique lourd à forte accumulation, il se chargeait entre 75 000 à 300 000 volts au cœur du mécanisme, ce qui lui permettait de se déplacer dans la direction de son pôle positif (c'est ce que l'on appellera plus tard l'effet Biefeld-Brown).
Mais un peu plus tard la même année, un enquêteur de l'Office of Naval Research a écrit un rapport

UFOLOGIE

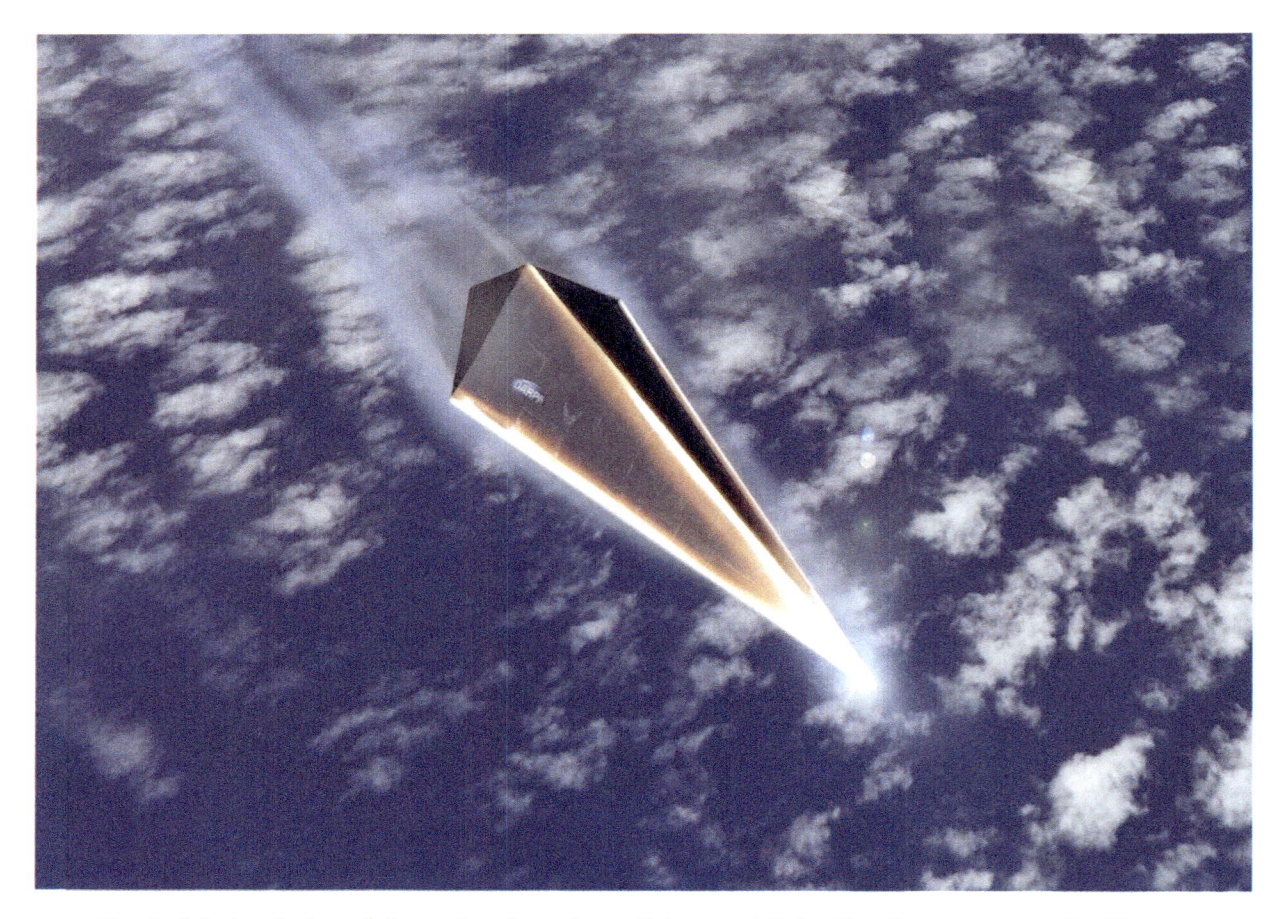

« Les Américains n'ont pas fait que rêver à ces choses, ils les ont réalisées. Pour le moment nos scientifiques ne travaillent à aucun projet qui puisse permettre de rivaliser avec les avions spatiaux américains. » (Jean-Pierre Petit)

concluant que les disques de Thomas Townsend Brown étaient propulsés par la pression des ions négatifs frappant l'électrode positive (ce que l'on appelle le vent ionique) plutôt que par une modification de la gravité...

Nous n'entrerons pas ici dans ce débat scientifique (toujours d'actualité) autour de l'origine et de la fonction des charges ioniques et du potentiel de leur champ de gravité induit, mais signalons qu'à la fin de l'année 1954, Thomas Brown avait présenté un ensemble de disques d'un mètre de diamètre destinés à être remis à des responsables militaires et à des représentants de plusieurs grandes entreprises aéronautiques. Le magazine *Interavia* écrivit à l'époque que lorsqu'ils étaient alimentés avec 150 000 volts, les disques pouvaient s'envoler à plusieurs centaines de kilomètres à l'heure vers le ciel. En septembre 1954, le Pentagone avait même lancé un programme gouvernemental visant à développer un engin antigravitationnel sur le principe que Thomas Brown leur avait proposé, mais l'inventeur avait été exclu de toute participation à ce programme qui avait été classifié et dont personne n'a plus jamais entendu parler...

CONCLUSION PROVISOIRE DE CETTE PREMIÈRE PARTIE

Au milieu des années 50, le Pentagone et plus de dix grandes entreprises aéronautiques américaines ont participé activement à des recherches en électrogravitation. Depuis lors, aucune publicité n'a été faite concernant ces études menées par l'armée américaine, et il est bien difficile de savoir ce qu'il est vraiment advenu de ces concepts. De nombreux spécialistes en aéronautique pensent que la technologie électrogravitique a toujours été améliorée secrètement et qu'elle a en partie servi à la mise au point du bombardier B-2 Stealth pour lui fournir un mode de propulsion auxiliaire basé sur ce concept. En effet, selon certains spécialistes, le B-2 chargerait électrostatiquement les bords d'attaque de son fuselage et ses flux de gaz d'échappement pour créer un champ allégeant toute sa structure.

Nous vous donnons rendez-vous dans le prochain numéro pour explorer en détail quelques avions très particuliers qui pourraient être opérationnels au sein de l'USAF. Nous verrons qu'ils sont en mesure de réaliser des prouesses technologiques, mais que nous sommes encore loin de ce que nous observons avec les ovnis ! ■

Pour être certain de ne manquer aucun numéro d'IKARIS Abonnez-vous à la formule papier

Pour les commandes en version digitale des anciens magazines, les abonnements et les réabonnements au magazine papier, rendez-vous sur **www.ikaris.fr**

Rappel : tous les anciens magazines sont disponibles au format PDF sur notre site.

Conformément à la loi "informatique et libertés" du 6 janvier 1978 modifiée, vous bénéficiez d'un droit d'accès et de rectification aux informations qui vous concernent. Si vous souhaitez exercer ce droit et obtenir communication des informations vous concernant, veuillez nous adresser un e-mail.

UFOLOGIE

Des aéronefs à décollage et atterrissage verticaux aux soucoupes volantes

Antigravité : les États-Unis, la Chine ou la Russie développent-ils des engins basés sur l'antigravité ?

« Donald Ware, un colonel à la retraite de l'Air Force, m'a transmis des informations d'un général trois étoiles qu'il connaît. Ce général lui a révélé que la nouvelle navette spatiale Lockheed Martin et le B-2 [Stealthbomber] disposaient de systèmes électro-gravitiques à bord, ce qui explique pourquoi nos 21 Northrop B-2 coûtent environ un milliard de dollars pièce. »
Richard Boylan (ufologue)

La première étape qui aurait permis la mise au point de l'antigravité commencerait sans doute en 1947 à Roswell, lorsque qu'un engin extraterrestre (ou deux, selon les versions) aurait été récupéré par les équipes de l'US Air Force.

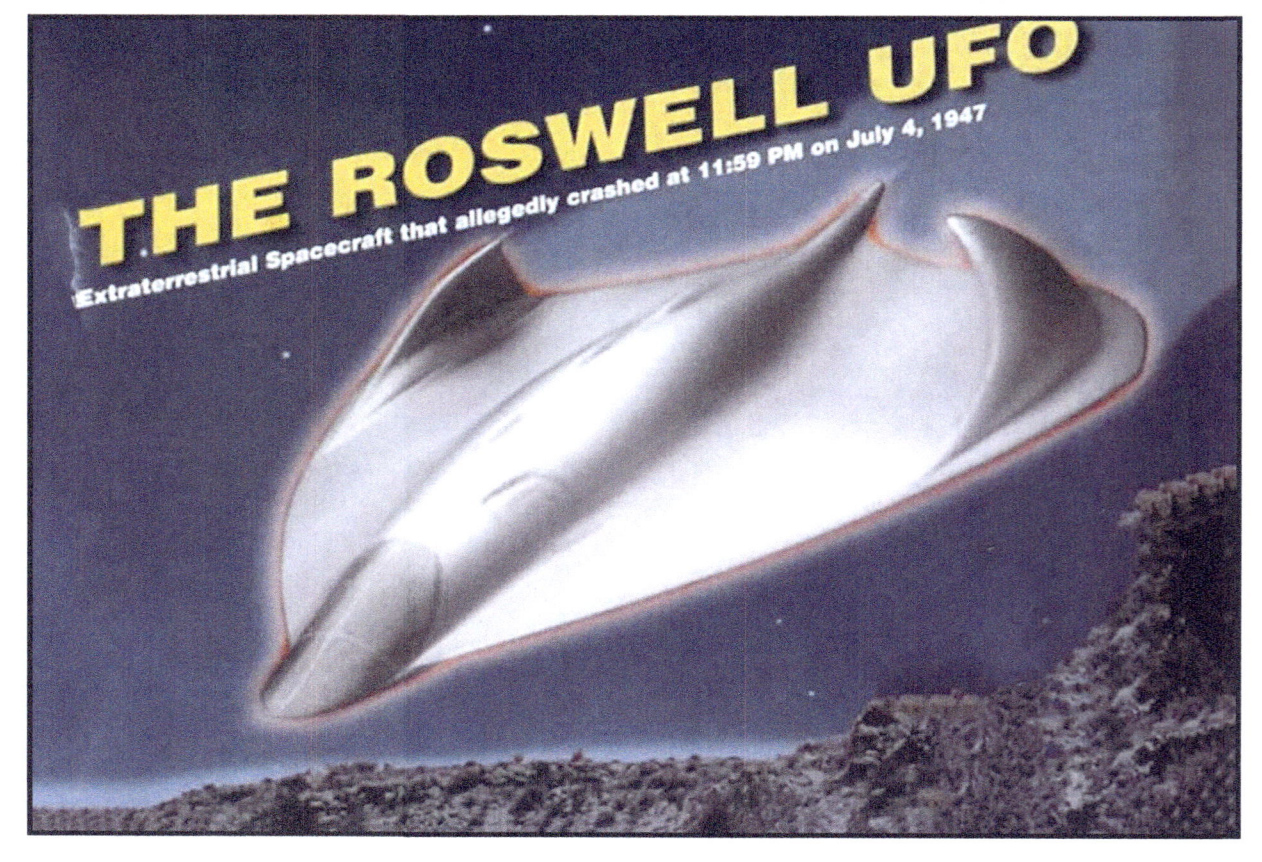

IKARIS

Introduction

Le mode « antigravité » des nouveaux avions américains leur permettrait d'obtenir une autonomie étendue, une manœuvrabilité parfaite et ultrarapide et enfin l'invisibilité de la cellule à l'observation visuelle (en déplaçant la lumière locale dans un angle de champ de « contre-gravité » autour de la cellule).

Certains experts en aéronautiques pensent qu'après avoir décollé de manière conventionnelle, le bombardier américain B-2 pourrait passer en « mode antigravité » et faire le tour du monde sans faire le plein. On appellerait ces systèmes des « technologies de propulsion et de portance hybride ». Elles utiliseraient une poussée conventionnelle pour le décollage et l'atterrissage, mais une fois en vol à haute altitude, on pense que des engins comme le B-2 Spirit ou le F-117 Nighthawk passeraient en mode « antigravité étendue » pour effectuer leur vol de croisière. Grâce à cette technologie, la portance et le mouvement vers l'avant extrêmement instables des F-117A, par exemple, ne seraient que temporaires, jusqu'à ce que l'engin passe en « mode antigravité » pour assurer sa stabilité à haute vitesse. On a même entendu parler d'un mode spécial appelé « cellule d'invisibilité » qui ferait en sorte que le champ de contre-gravité local courbe la lumière autour de la cellule de l'engin pour le rendre pratiquement invisible aux yeux d'autres pilotes ou d'observateurs au sol.

En préparant ce dossier, nous avons eu du mal à trouver des témoignages issus de l'US Air Force en rapport avec ces technologies, car le secret est encore bien gardé malgré l'ancienneté des avions F-117 ou B-2, mais nous avons tout de même trouvé quelques commentaires issus du Pentagone où l'on disait envisager de publier officiellement des informations relatives à toutes ces technologies révolutionnaires.
Par exemple, le colonel Donald Ware a déclaré :
« *Notre programme militaire hautement contrôlé a été utilisé pour acquérir de l'expérience avec une technologie révolutionnaire destinée à préparer l'aviation du futur.* »
Il est clair que si des engins « prêts pour le futur » se trouvent déjà dans les forces armées de plusieurs grandes puissances mondiales, la divulgation de leurs caractéristiques techniques n'est pas forcément pour demain, mais en tant qu'ufologue, on peut légitimement se demander si, d'une manière ou d'une autre, une technologie d'origine extraterrestre ne se cache pas derrière cette « révolution » technologique à venir.

UFOLOGIE

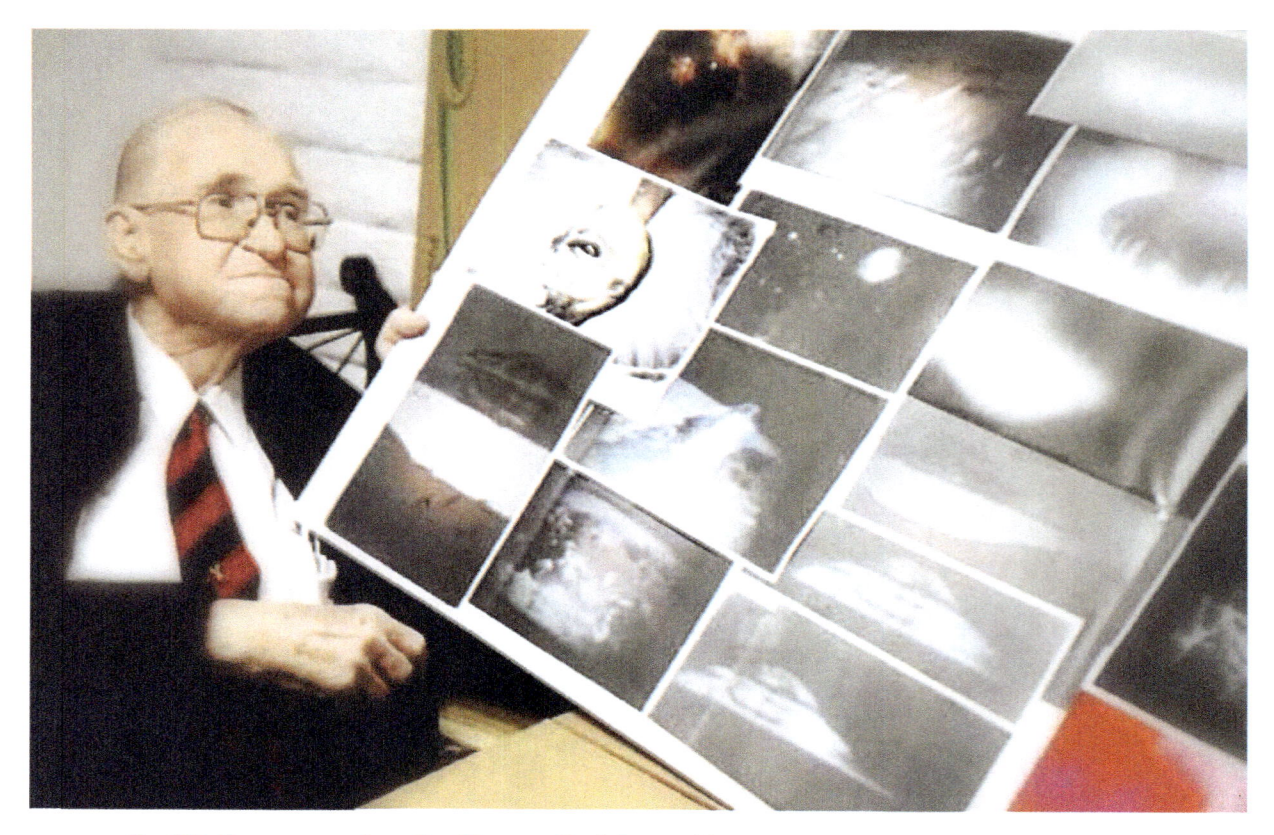

Boyd Bushman, un ancien scientifique employé chez Lockheed Martin, affirme que les extraterrestres sont réels et qu'il a travaillé dans la Zone 51 sur des technologies autour de l'antigravité d'origine non humaine.

Nous avions vu dans le numéro précédent que la technologie des disques de type Searl était prometteuse, mais qu'elle avait fini par tomber dans l'oubli faute de réalisation concrète, et que tous les autres projets qui ont suivi et qui cherchaient à manipuler la gravité (comme celui utilisant l'effet Biefeld-Brown) n'avaient jamais abouti. D'ailleurs, ils n'ont réussi qu'à générer des controverses scientifiques sans fin... Idem pour les travaux de Viktor Schauberger, Rudolph Shriever ou encore ceux de Walther Miethe (voir *Ikaris* HS 2). C'était d'ailleurs des recherches qui étaient plus basées sur l'électromagnétisme que sur l'antigravité.

Arrivés à la douzième partie de notre dossier *Des plates-formes volantes aux soucoupes volantes*, nous pouvons déjà voir émerger une première hypothèse crédible : sans l'apport d'une technologie d'origine extraterrestre, il semble impossible d'expliquer comment un saut technologique d'une grande ampleur (comme celui de passer du statoréacteur à l'antigravité) aurait pu se produire entre 1947 et 2021. Car sans cette aide, il aurait forcément fallu passer par plusieurs étapes scientifiques, et où sont les brevets, où sont les prototypes, qui sont les ingénieurs de génie qui auraient permis cette transition ? Les États-Unis, la Russie ou la Chine disposent-ils de l'antigravité ? Nous ne désespérons pas de découvrir la vérité dans les prochains chapitres de ce grand dossier.

Le physicien nucléaire Bob Lazar dit qu'à la fin des années 1980, il a analysé et travaillé sur des systèmes de lévitation et de propulsion à antigravité issus d'un engin extraterrestre qui s'était crashé à Roswell.

Première section

Véhicules extraterrestres capturés et ingénierie inverse.

Le gouvernement américain cache-t-il une flotte d'engins qui utilisent l'antigravité ?

> « *Je ne prétends pas tout savoir sur l'arsenal américain ni sur les opérations et les capacités de l'engin que j'ai identifié, mais je pense que j'ai souvent tapé dans le mille.* »
>
> Richard Boylan

Nous allons parcourir toute cette première section à travers la vision d'un ufologue américain peu connu en France, mais très populaire aux États-Unis, Richard Boylan. C'est un professeur agrégé d'université, hypnothérapeute clinique, consultant, anthropologue, chercheur et expert en recherche sur la propulsion des ovnis.

Richard Boylan est l'auteur de l'ouvrage *The Human - Star Nations Connection* dans lequel il explique pourquoi la dissimulation des ovnis dure depuis 70 ans, et comment leur technologie a été exploitée en secret.

UFOLOGIE

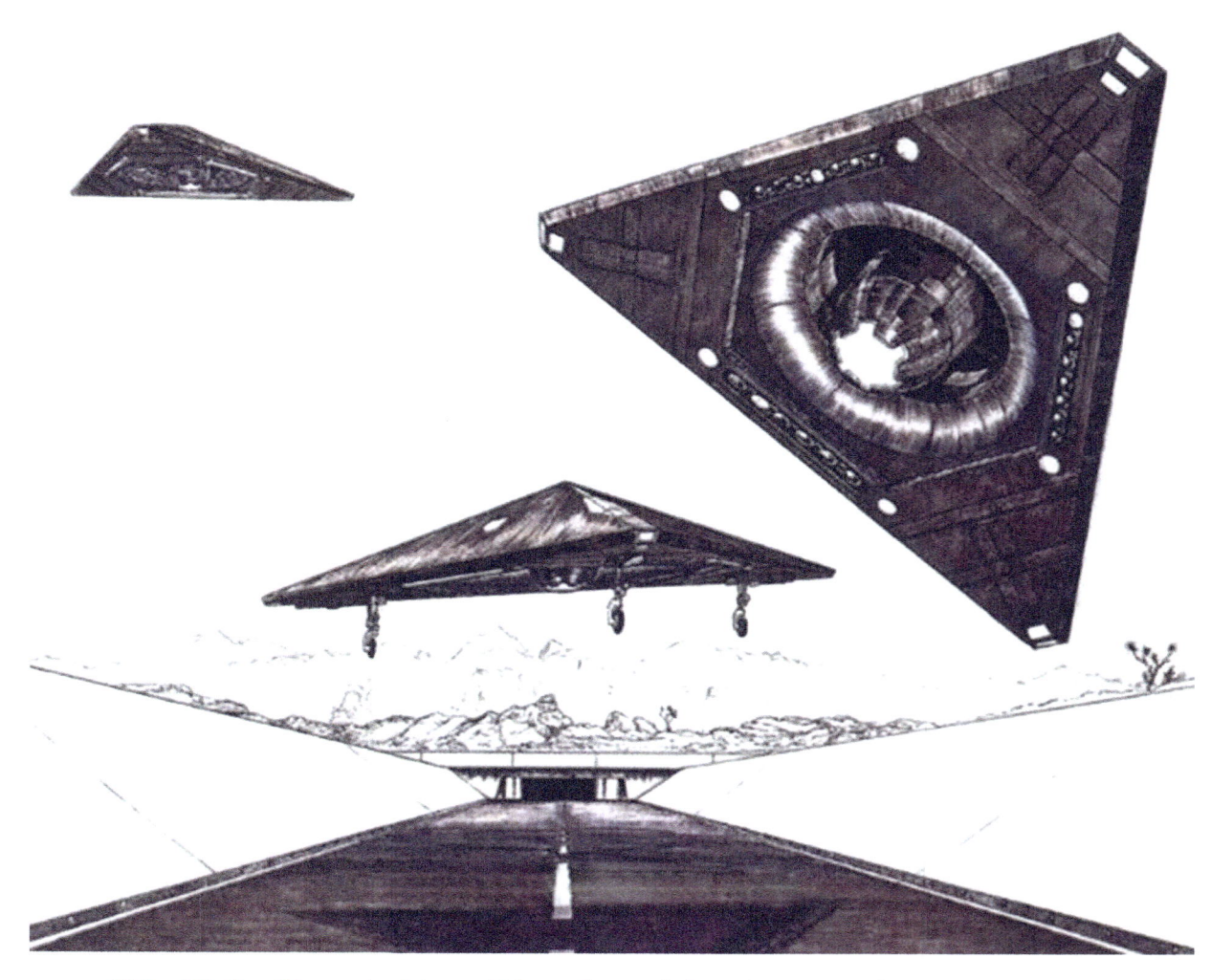

Richard Boylan affirme qu'on lui a confié de nombreuses informations au sujet d'engins très spéciaux de l'aérospatiale américaine dans lesquels l'antigravité était déjà opérative et parfaitement opérationnelle.

Richard Boylan est souvent décrié parmi les ufologues en raison de ses prises de position (que certains trouvent trop affirmées) en faveur de l'hypothèse extraterrestre, particulièrement quand il avance qu'il existe un « Conseil des nations des étoiles » qui s'est établi entre des représentants de la Terre et des races extraterrestres. Cette prise de position assumée l'a beaucoup isolé sur la scène ufologique entre 1990 et 2010, mais depuis quelques années, les opinions semblent évoluer et l'exopolitique s'invite de plus en plus dans les débats ufologiques. Richard Boylan fait, quoi qu'on en dise, partie des plus grands spécialistes de cette discipline.

DES PRISES DE POSITION FERMES QUI OUVRENT LE DÉBAT

« Ce ne sont pas des ovnis. C'est de la technologie militaire. Le gouvernement américain cache toute une flotte qui base toute sa science sur l'antigravité. »
Cette phrase prononcée en 2014 par Richard Boylan résume bien sa vision de la situation au sujet des ovnis observés depuis des décennies aux États-Unis.
Ce scientifique prétend avoir travaillé pendant plus de 15 ans avec des personnes issues d'entreprises en lien étroit avec l'armée ou directement avec des militaires de haut rang qui lui auraient confié d'importants secrets sous réserve de ne jamais divulguer leur identité.
Et d'après lui, il en ressortirait qu'une frange secrète du gouvernement a connaissance de la présence sur Terre de visiteurs extraterrestres…
Richard Boylan prétend aussi qu'il a découvert que des avions militaires ultra-secrets utilisaient des technologies extraterrestres « exotiques », mises au point à partir d'ingénierie inverse et développées par diverses entreprises militaires ou civiles américaines après la récupération de véhicules extraterrestres.
Certaines de ses déclarations trouvent leurs sources dans le livre *The Day After Roswell* où le colonel Philip Corso (officier militaire pendant la Seconde Guerre mondiale et officier du renseignement de l'armée) a révélé que l'armée américaine était impliquée dans la transmission

IKARIS

de technologies extraterrestres aux industries civiles à partir de l'épave de Roswell (voir à ce sujet le rapport *Commercial Application Research for Extraterrestrial Technology* dans *Ikaris* HS 6). Les détails de chaque programme caché cité par Richard Boylan peuvent être remis en question en raison du problème inhérent aux témoignages de lanceurs d'alertes (qui peuvent avoir pour objectif de diffuser de la désinformation), mais son analyse globale et sa vue d'ensemble nous semblent cependant cohérentes et bien pensées.

Ses recherches révèlent que des systèmes d'armes très sophistiqués (stationnés dans l'espace) existent déjà et sont utilisés depuis plusieurs décennies.

Ce qui laisse penser que l'Initiative de Défense Stratégique (IDS), dite aussi « guerre des étoiles » (un projet de défense antimissile destiné à la protection des États-Unis contre une frappe nucléaire stratégique russe qui a été rendu public le 23 mars 1983 par le président Ronald Reagan), devait déjà cacher une technologie d'origine non terrestre, et que l'*United States Space Force* mise en place en 2019 par Donald Trump va de nouveau servir de couverture à un programme d'armement ultra-secret qui serait déjà largement déployé tout autour de la Terre avec un objectif et une finalité assez inquiétants.

Et si l'on demande à Richard Boylan de citer ses sources, il affirme qu'il a attiré l'attention de certaines personnalités, actuellement ou anciennement dans des secteurs hautement classifiés du gouvernement, du renseignement ou de la défense, et que celles-ci lui ont toujours demandé de préserver leur anonymat pour des questions de sécurité. Toutes ces personnes auraient un jour choisi de divulguer certaines informations sachant qu'elles seraient portées à la connaissance du grand public par l'intermédiaire de Richard Boylan, et que seulement une infime quantité d'Américains seraient à même de recevoir ou de croire à ces informations (la vérité serait dite, mais non prise en compte).

LE COMPLEXE MILITARO-INDUSTRIEL AMÉRICAIN ET SES AVIONS SECRETS

L'hypothèse qu'une panoplie d'avions et de véhicules spatiaux futuristes utilisant de nouvelles technologies énergétiques soient exploités par un organe secret des États-Unis est crédible, mais il est inutile de chercher des sources officielles, elles n'existent pas. Elle ne peut qu'être déduite par une validation indirecte de centaines d'observations visuelles rapportées par des témoins ou qui sont issues d'informateurs qui ont eu (mais qui n'ont plus) de liens avec le gouvernement !

Le gouvernement américain cache-t-il une flotte utilisant l'antigravité qui serait déjà intégrée dans la Space Force ? Cela impliquerait que des contacts entre des humains et des visiteurs des étoiles aient déjà eu lieu.

UFOLOGIE

Toutes les informations compilées par Richard Boylan ont donné lieu à la réalisation d'un dossier spécifique qu'il a appelé *Les engins à antigravité avancée des États-Unis* (voir le détail dans la deuxième section). Selon lui, il existerait aujourd'hui une douzaine de plates-formes aérospatiales avancées utilisant une technologie avancée en lien direct ou intégrant une science en rapport avec l'antigravité (sous une forme ou une autre).

Avant d'examiner ces engins aérospatiaux l'un après l'autre, il convient de faire un rappel des différents types de technologies en rapport avec l'antigravité que nous avions évoquées dans le numéro précédent :

1) La technologie « antigravité » de type électro-gravitique. Elle implique l'utilisation de tensions pouvant aller jusqu'à plusieurs millions de volts et elle a pour objectif de perturber le champ gravitationnel ambiant. Il pourrait en résulter une réduction de 89 % de la gravité sur les cellules d'aéronefs et à l'intérieur des engins tels que le bombardier Stealth B-2 ou le vaisseau de forme triangulaire TR3-B Astra.

2) La technologie « antigravité » de type magnéto-gravitique. Cela implique la génération de champs toroïdaux de haute énergie capables de perturber le champ gravitationnel ambiant. Cette action crée localement une force qui vient contraindre celle créée par l'attraction gravitationnelle de la Terre. Des ingénieurs aéronautiques britanniques ont qualifié cette force de « dynamique contrariante ». Elle peut avoir été utilisée sur certains disques volants et prototypes américains assez anciens.

3) La technologie à « antigravité » directe.
C'est sans doute la technologie la plus avancée et la plus moderne, c'est-à-dire celle qui exploite directement et uniquement une force antigravitationnelle puissante. Un tel champ de force a besoin d'antimatière (ou du fameux Élément 115) pour être généré (cette source d'énergie « exotique » qui selon Bob Lazar aurait été développée par des scientifiques humains dans la base S4 à proximité de la Zone 51). En amplifiant cette force gravitationnelle et en utilisant la haute énergie d'un réacteur à antimatière, puis en la dirigeant à volonté, il serait possible de soulever un engin de terre, puis de faire changer sa direction en vectorisant le champ de force à antigravité. Ce petit rappel étant fait, examinons maintenant la liste des engins avancés que Richard Boylan a répertoriés dans ses études. La fiabilité des informations disponibles pour chaque engin est évidemment limitée, en raison de la nature même des investigations de l'ufologue. ∎

Dans le bombardier américain B-2, les ions positifs émis par le bord d'attaque de l'aile produiraient une « gaine » d'ions parabolique chargée positivement à l'avant de l'avion (système de type électro-gravitique).

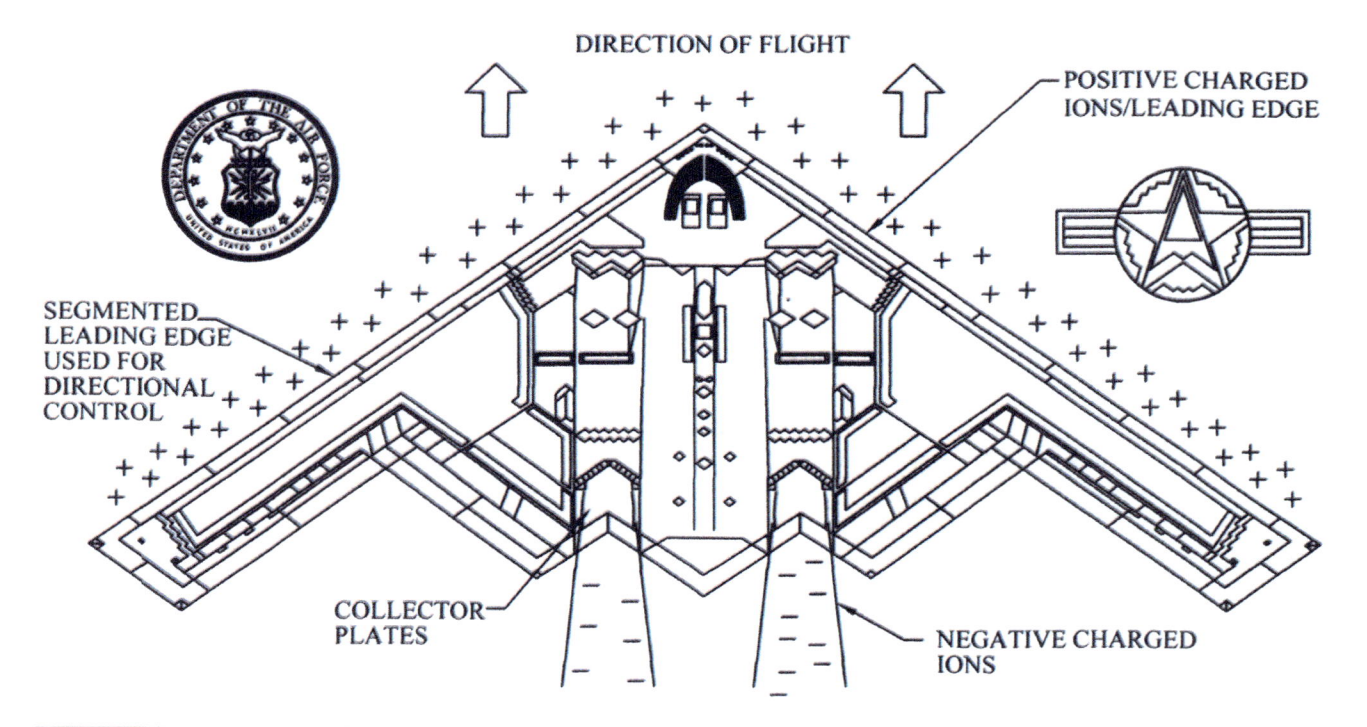

Figure 10. Diagram of Dr. Paul LaViolette's discovery regarding the B-2 auxiliary propulsion system using electro-gravitics.

IKARIS

Deuxième section

La liste des engins spatiaux et aéronefs américains à antigravité (et à gravité réduite) selon R. Boylan
Sont-ils fabriqués à partir d'une technologie extraterrestre classifiée ?

> « *Quand un scientifique distingué, mais âgé, déclare que quelque chose est possible, il a certainement raison. Mais quand il déclare que quelque chose est impossible, il a très probablement tort.* »
> Arthur C. Clarke (auteur de science-fiction)

Entre 1994 et 2020, Richard Boylan a publié ses travaux lors de conférences nationales et internationales, ainsi que dans de nombreuses revues spécialisées. Ses conclusions ont été ignorées et n'ont pas été commentées par les responsables actuellement ou anciennement dans des secteurs hautement classifiés du gouvernement, de l'armée et des agences de renseignement.

Les premières publications de l'ufologue ont cependant décidé certaines personnes à divulguer des informations supplémentaires par son intermédiaire, sachant qu'il servirait ainsi de « fusible » pour porter leurs révélations à certaines catégories de publics qui étaient intéressés et prêts à recevoir ces données.
Nous présentons à notre tour dans le magazine ces informations telles que Richard Boylan les a publiées au cours du temps, sans les commenter ou les juger.

L'antigravité permet-elle déjà d'atteindre et contrôler le vol spatial ? Si une telle technologie existait et qu'elle était la propriété du gouvernement américain, le monde que nous connaissons serait pavé de mensonges.

UFOLOGIE

À ce stade de notre étude, elles vont nous être utiles et marquer une étape importante dans l'accumulation de données que nous réalisons dans le cadre de ce dossier sur l'antigravité.

La plupart de ces informations ont été obtenues à partir de 1994, au moment où des « initiés » auraient commencé à se confier à Richard Boylan et que des informations importantes auraient fuité dans le milieu ufologique au sujet d'institutions civiles ou gouvernementales secrètes en lien avec la technologie des ovnis.

Bien que Richard Boylan ait rassemblé une quantité d'informations considérable sur les engins aérospatiaux américains secrets, il ne prétend pas savoir tout ce qui se trouve dans l'inventaire aérospatial classifié des États-Unis, ni tout ce qui concerne les types d'opérations et les capacités des engins qu'il aurait ou qu'il serait sur le point d'identifier. Ce qui est présenté ici est donc à considérer avec toutes les réserves qui s'imposent et ces caractéristiques doivent être évaluées dans le cadre de la recherche ufologique.

LES DIFFÉRENTS TYPES D'ENGINS AÉROSPATIAUX AMÉRICAINS SECRETS

À l'heure actuelle, Richard Boylan a présenté 12 types d'avions et d'engins spatiaux américains qui seraient équipés de systèmes de propulsion en lien avec l'antigravité ou la réduction de la gravité. Tous sont construits par l'homme et incorporeraient de la technologie « exotique », c'est-à-dire d'origine extraterrestre. En voici la liste. La quantité d'informations disponibles pour chaque engin varie (dans certains cas, les informations sont abondantes et redondantes et dans d'autres, on ne sait que très peu de chose).

1) **Le bombardier furtif Northrop B-2 Spirit** (construit par Northrop-Grumman). L'Air Force le décrit comme un bombardier furtif lourd stratégique à longue portée qui dispose de systèmes de navigation et de guidage dirigés par un programme classifié d'intelligence artificielle (IA). Selon Richard Boylan, cette IA serait « exotique » et l'avion disposerait d'une portance supplémentaire assurée par l'action de ses champs électro-gravitiques le long de ses ailes et de son fuselage. Ces dispositifs permettraient de neutraliser considérablement l'attraction de la gravité.

2) **Le Lockheed Martin F-22 Raptor** (construit par Lockheed-Martin Skunk Works et Boeing's Phantom Works). Le système de guidage de cet avion intégrerait une intelligence artificielle (IA) spéciale. Comme pour le B-2 Spirit, Richard Boylan déclare que l'avion aurait la capacité de réduire son poids grâce à des dispositifs de portance à antigravité.

3) **Le F-35 Lightning II Stealth Fighter** (5e génération, construit conjointement par Lockheed-Martin, Northrop-Grumman et BAE). Le F-35 intégrerait également une technologie d'intelligence artificielle et un système de réduction de poids rétroconçus à partir des technologies *Star Visitor*. Sa mise au point est tellement complexe qu'il a déjà englouti 1 000 milliards de dollars américains.

4) **L'Aurora SR-33A** serait un véhicule spatial de taille moyenne. Richard Boylan déclare que le regretté scientifique du Conseil de sécurité nationale, le Dr Michael Wolf (un homme qui prétendait avoir servi pendant 25 ans au sein du gouvernement satellite américain et qui aurait œuvré auprès de différentes espèces extraterrestres dans des bases souterraines

F-35 Lightning II

IKARIS

Aurora SR-33A

comme Dulce [voir *Ikaris* HS 5] et la Zone 51) lui avait dit que l'Aurora pouvait foncTIonner à la fois avec du carburant conventionnel et avec un champ de gravité réduit pour effectuer des vols suborbitaux en apesanteur. Cet avion opérerait uniquement à partir de la Zone 51 (Groom Dry Lake Air Force Station) ou de Nellis AFB Range (au nord de Las Vegas, Nevada).

5) **Le X-33A** (construit par Lockheed Martin). La version A du prototype X-33 serait un avion spatial secret qui intégrerait une technologie antigravité complète. Lockheed-Martin aurait utilisé le programme *National Space Plane* pour cacher sa version de type A (ce suffixe signifierait antigravité). Le colonel Donald Ware, retraité de l'USAF, aurait déclaré à Richard Boylan qu'il avait récemment appris d'un général trois étoiles qu'il existait un prototype nommé Venture Star X-33A qui avait à son bord une toute nouvelle technologie de réduction de la gravité faisant de lui un véritable vaisseau spatial.

6) **Le X-22A** (construit par Lockheed Martin). Ce serait un engin discoïde utilisant l'antigravité. Le regretté colonel Steve Wilson de l'USAF aurait déclaré

X-33A

UFOLOGIE

X-22A

à Richard Boylan que des astronautes américains spécialistes des opérations spatiales s'envolaient régulièrement en dehors de l'atmosphère et vers l'espace lointain à partir des bases de l'Air Force à Colorado Springs. Un autre informateur militaire anonyme aurait déclaré à Richard Boylan que ce disque antigravité était aussi capable d'obtenir une complète invisibilité optique et radar !

7) **L'hélicoptère antigravité XH-75D** (construit par Teledyne Ryan Aeronautical Corporation). Richard Boylan affirme que le colonel Steve Wilson de l'USAF lui a rapporté que les XH-75D étaient utilisés par la division Delta et la National Reconnaissance Organization qui ont pour mission de récupérer des ovnis abattus ou de se rendre discrètement et rapidement sur des sites sensibles. Ces engins seraient aussi impliqués dans les mutilations de bétail en tant que programme de guerre psychologique contre le grand public américain, dans l'objectif d'amener les citoyens à craindre la menace extraterrestre (l'engin pourrait aussi se faire passer pour un ovni qui leur appartient). Le XH-75D serait également utilisé dans des enlèvements de civils innocents (opérations de type MILABS, un terme signifiant militaire-abductions. Voir notre dossier dans *Ikaris* n° 12 propos du projet MK-Ultra et le témoignage de Miesha Johnston). Lors de ces opérations spéciales, des personnes seraient droguées, hypnotisées et enlevées à bord d'engins antigravité silencieux qui lorsqu'ils s'envolent font croire à ces gens qu'ils sont à bord d'un engin extraterrestre.

8) **Le disque antigravité Pumpkin** (désignation exacte et forme inconnues). Il serait construit par Northrop Grumman Advanced Concepts and Technologies Division. Richard Boylan l'a surnommé la « Grande citrouille » en raison de sa brillance et des lueurs rouge-orangé qu'il prend en phase de vol. On l'aurait vu pour la première fois lors d'un vol d'essai

---

tienen en secreto la fábrica de platillos enterrada profundamente dentro de las montañas. Vimos la misma intensidad de color naranja brillante y oro que en los ensayos de vuelo por encima de Northrop en la cima de la montaña de pruebas, como lo habíamos visto antes 51/S-4 Areas. Cuando se energizan estos discos emiten su resplandor intenso característico. Es razonable suponer que esto se debe a una ionización fuerte, y eléctrica que es la metodología de su campo de propulsión.11) La XH-75D o XH helicóptero antigravedad

Tiburón fabricado por Teledyne Ryan Aeronautical Corporation de San Diego (ahora parte de Northrop-Grumman). Un coronel de la USAF nos reportó que muchos de estos XH-75Ds fueron asignados al Delta / Organización Nacional de Reconocimiento de la División que recupera

ASPT: ORELLANA ZULETA CRISTIAN JOSUE
17
PARALELO: "O"
PROMOCION: 2012-2014

XH-75D

en 1992, au-dessus de la ligne de crête des montagnes de Groom Range dans la Zone 51 (Nevada). Lorsqu'ils sont en fonctionnement, ces disques émettraient des lueurs intenses et des flashs lumineux très caractéristiques. Il est raisonnable de supposer que cela serait dû à une forte ionisation de l'air qui les entoure, et que l'électro gravité est à la base de leur propulsion.

9) **Le TR3-A** (construit par Lockheed Martin). Le TR3-A Sportster serait le premier engin d'une gamme en forme de triangle allant des références 3 à 6. Ils sont souvent de couleur noirs avec des lumières blanches dans les coins et une lumière rouge au centre de l'appareil. D'après Richard Boylan, ces engins utilisent la technologie Pulse Detonation Wave Engine (PDWE) pour leur propulsion dans un régime non hypersonique. Puis, lorsqu'ils sont utilisés pour propulser le véhicule en vol de croisière, les systèmes PDWE seraient capables d'emporter l'engin à la limite de l'espace.

10) **Le TR3-B Black Manta** est le successeur du modèle A. Ce serait un tout nouvel engin triangulaire utilisant l'antigravité. Il ferait aujourd'hui partie de la flotte spatiale secrète américaine. Edgar Rothschild Fouché, initié de l'industrie de la défense et des projets noirs du gouvernement, a écrit ceci à propos de TR3-B Black Manta dans son livre *Alien Rapture* :

« *Le TR3-B est un engin aérospatial à gravité réduite fabriqué dans le cadre des "programmes noirs" secrets de Boeing. Le champ de gravité qu'il produit réduit le poids de l'engin d'environ 90 %, de sorte qu'une très faible poussée est nécessaire, soit pour le maintenir en l'air, soit pour le propulser à des vitesses de Mach 9 ou plus. Le revêtement extérieur du véhicule est électrochimiquement réactif et change de nature avec la stimulation radar électrique à radiofréquence. Son système de camouflage peut aussi modifier la réflectivité, l'absorption radar et la couleur perçue de son fuselage. C'est également le premier engin américain à utiliser un revêtement extérieur en polymère de cristaux. Lorsqu'ils sont utilisés en conjonction avec les contre-mesures électroniques, ces polymères peuvent le faire ressembler à un petit avion ou à un simple cylindre volant. Ce revêtement peut même tromper les récepteurs radar en leur faisant faussement détecter un autre type d'aéronef, aucun aéronef du tout, ou plusieurs à divers endroits.*

Un anneau accélérateur circulaire rempli de plasma appelé perturbateur de champ magnétique [MFD], qui est très en avance sur toute technologie imaginable, entoure le compartiment d'équipage rotatif à l'intérieur du TR3-B. L'engin utilise aussi un plasma à base de mercure qui est pressurisé à 250 000 atmosphères et à une température de 150 Kelvin (-123 °C) afin de créer une perturbation de la gravité résultante [réduction de presque toute la force de gravité et des effets d'inertie].

Le Black Manta embarque aussi un dispositif qui neutralise les effets de la gravité à 99 %, même en vol stationnaire, ce qui a pour effet de rendre le véhicule extrêmement maniable et capable de manœuvrer sur place n'importe où. Il peut rester stationnaire au-dessus d'un site pendant plusieurs heures sans faire le moindre bruit. Avec lui, nous ne sommes pas très loin des engins qui sont 100 % rétroconçus avec de la technologie extraterrestre. »

TR-3B Black Manta

Nautilus

UFOLOGIE

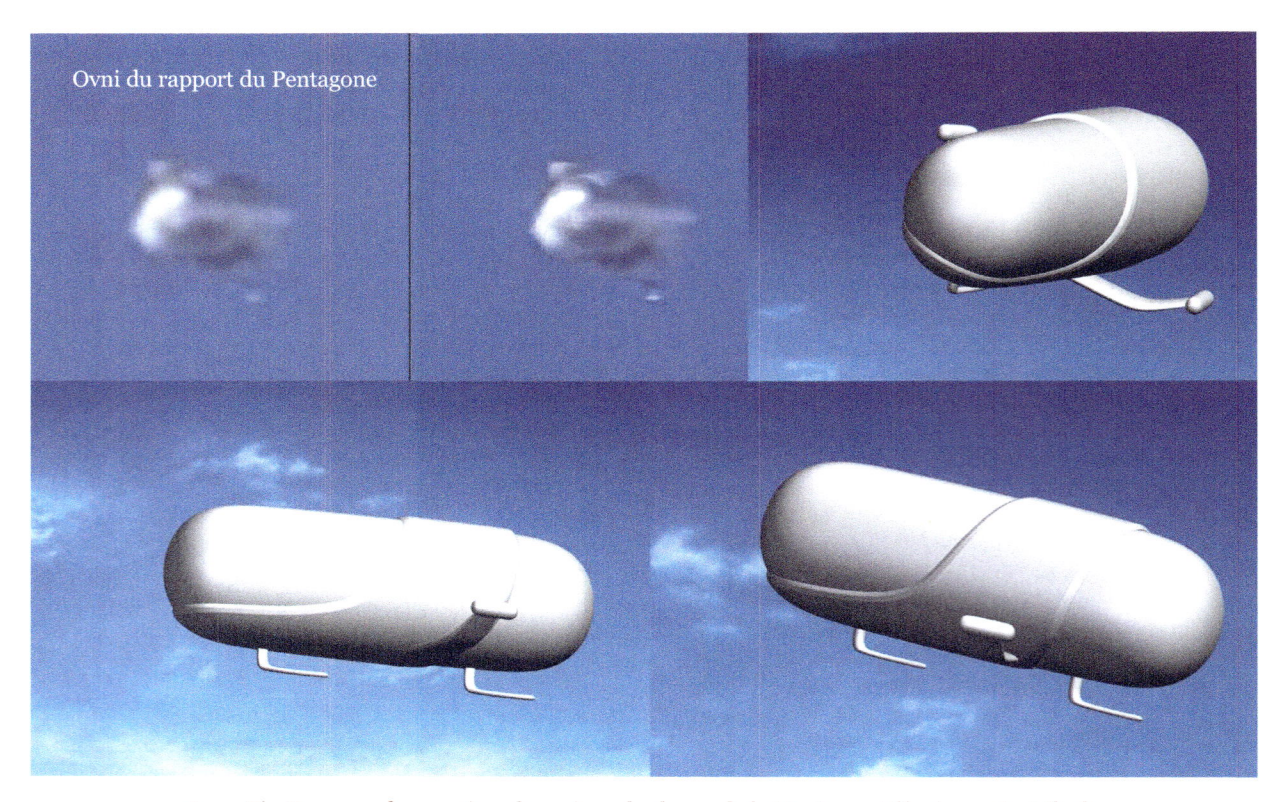

Ovni du rapport du Pentagone

Les « Tic-Tac » que les caméras des avions de chasse de la Marine ont filmés seraient-ils des engins secrets appelés Hydro Aerospace/Underwater Craft ?

11) **Le Nautilus**. Ce serait un vaisseau en forme de cylindre d'environ 1 000 mètres de long et 300 mètres de diamètre conçu pour voyager dans l'espace lointain. D'après Richard Boylan, ce serait le seul engin à antigravité (construit en deux exemplaires) issu d'une alliance entre humains et extraterrestres (et le seul vaisseau capable de quitter complètement le système solaire).
C'est à cet engin que le Dr Ben Rich (l'un des ingénieurs les plus chevronnés de la division Skunk Works de Lockheed Martin) aurait fait référence dans un discours prononcé en 1993 où il avait déclaré :
« *Nous avons déjà les moyens de voyager parmi les étoiles, mais ces technologies sont verrouillées dans des projets classifiés, et seule une action divine pourrait faire qu'elles soient utilisées au bénéfice de l'humanité... Tout ce que vous pouvez imaginer, nous sommes en mesure de le réaliser. Nous avons ce qu'il faut pour ramener E.T. à la maison.* » Le Nautilus, avec sa technologie de voyage interstellaire, serait évalué à 870 milliards de dollars.
12) **Le HAUC**. Pour terminer cette liste avec un engin qui est peut-être dans l'actualité du moment, Richard Boylan pense que les fameux ovnis en forme de « Tic-Tac » aperçus autour du porte-avions Nimitz seraient en fait des engins secrets américains de type HAUC (Hydro Aerospace/Underwater Craft). Leur propulsion et leur maniabilité seraient rendues possibles grâce à un champ électromagnétique incroyablement puissant qui crée essentiellement un vide quantique environnant.
Cela permettrait aux HAUC d'ignorer les forces aérodynamiques ou hydrodynamiques et de fonctionner sans masse inertielle. Ces engins seraient aussi hybrides, c'est-à-dire qu'ils pourraient évoluer aussi bien dans l'air, dans l'eau et dans l'espace à des vitesses incroyables sans pratiquement aucune résistance ni inertie.
Les HAUC auraient été conçus par Lockheed-Martin dans le laboratoire Michelson de la Marine (ET-tech) et au Naval Air Weapons Station en Californie.

INFO OU INTOX ?
Alors, que penser de toute cette liste communiquée par Richard Boylan ? Les ovnis en forme de « Tic-Tac » existent bel et bien, ils ont été officiellement reconnus comme « non identifiés » par le Pentagone. Le département de la défense américain nous dit-il la vérité quand il affirme que ces engins n'appartiennent pas à l'armée des États-Unis ? Richard Boylan surfe-t-il sur cette actualité et les doutes induits sur ces engins pour ajouter de la confusion dans le dossier ovni ? Tous les engins listés ci-dessus existent-ils vraiment ? Ont-ils été aperçus aux limites de la Zone 51, lors de ce que l'on a appelé « la vague belge de 1989-1990 », « la vague du 5 novembre 1990 » ou « les lumières de Phoenix » en mars 1997 ?
Quoi qu'il en soit, Richard Boylan est sans doute le

IKARIS

Ben Robert Rich était le deuxième directeur des recherches top-secret et de l'unité de développement de la Lockheed Corp, plus connue sous le nom de Skunk Works.

**BEN RICH A DIT AVANT DE MOURIR :
« NOUS AVONS CE QU'IL FAUT POUR RAMENER E.T. À LA MAISON »**

seul ufologue à pouvoir dresser une liste complète d'engins utilisant une technologie en rapport avec l'antigravité (bien que l'on puisse avoir des doutes sur l'origine de ses sources et l'existence réelle de tout ce catalogue). Cependant, si des scientifiques affiliés à des black programs continuent de travailler sur de telles technologies, nous pourrions découvrir un jour que les États-Unis sont dotés d'une flotte de bombardiers à antigravité capables de voyager dans l'espace. Et si un consortium militaire secret dirigé par les États-Unis exploite déjà une variété d'engins à gravité réduite ou utilisant pleinement l'antigravité, on peut alors se demander si d'autres grandes puissances comme la Chine et la Russie ne sont pas en possession de cette technologie.

CONCLUSION

Cette énigme, qui est à la frontière entre l'ufologie et l'exopolitique n'est pas simple à résoudre. Il y a dans ce dossier une part de faits qui sont indéniables et des observations d'ovnis qui se déroulent depuis plus de 70 ans... Mais ce délai a-t-il été suffisant pour que des ingénieurs puissent percer le secret de la propulsion des ovnis ? Et si oui, comment y sont-ils parvenus ? Grâce aux crashs d'engins extraterrestres et aux analyses des épaves ? Et quand bien même tout ceci serait possible, toutes ces technologies pourraient encore être très « primitives » par rapport aux vaisseaux spatiaux de véritables extraterrestres qui utiliseraient les propriétés de la physique quantique pour raccourcir l'espace et peut-être même le temps...

Nous terminerons cette deuxième section en citant Fox Mulder dans la série *X-Files* :
« *Nous avons besoin de vérité et notre destin est lié à cette vérité, car nous voulons croire.* »

EXOPOLITIQUE : ENCART

Comme l'affirmait Haim Eshed, Michael E. Salla fait partie de ceux qui affirment qu'il existe des programmes spatiaux secrets et des alliances avec des extraterrestres. Selon lui, la flotte spatiale Solar Warden fonctionnerait avec l'approbation d'une organisation constituée de plusieurs civilisations intelligentes avancées dans notre galaxie, et son but serait de maintenir une présence spatiale permanente en orbite terrestre afin de protéger tout le système solaire d'éventuels agresseurs.

LA FLOTTE SPATIALE SOLAR WARDEN DÉCRITE PAR MICHAEL E. SALLA

« Depuis 1988, les États-Unis ont créé une flotte spatiale stationnée au-delà de l'orbite terrestre, dont les navires fonctionnent avec une technologie basée sur l'antigravité qui est issue d'une civilisation extraterrestre. Six autres pays dans le monde participent à cette flotte spatiale : le Royaume-Uni, l'Italie, le Canada, la Russie, l'Autriche et l'Australie. Le nom officiel de la flotte est Solar Warden Space Fleet. Sa mission est de patrouiller et de surveiller l'espace au sein de notre système solaire.
Cette flotte spatiale compte actuellement 98 patrouilleurs de différentes formes, 16 navires de soutien logistique (un peu plus grands), et 2 vaisseaux interstellaires géants capables de partir en missions spéciales aux limites du système solaire.
- Les véhicules de la Solar Warden Space Fleet sont construits par un consortium international d'entrepreneurs aérospatiaux à partir d'une technologie avancée extraterrestre. Il y a aussi des contributions issues des États-Unis, du Canada, du Royaume-Uni, de l'Italie, de l'Autriche, de la Russie et de l'Australie pour de nombreuses pièces et sous-programmes.

- La flotte spatiale Solar Warden opère sous le commandement des opérations spatiales du réseau naval de l'US Navy qui a son siège à la base navale de Point Loma, à San Diego en Californie.
Les installations souterraines et de surface de la flotte Solar Warden se trouvent sur la Naval Air Weapons Station, à China Lake en Californie, à la Gamme d'artillerie aérienne de Chocolate Mountain de la Marine Corps à Yuma en Arizona, et à la base aérienne de Vandenberg à Lompoc en Californie.
- La flotte spatiale compte 213 astronautes issus principalement d'un contingent de pilotes de la Navy (Naval and Marine Space Cadre), ainsi que des astronautes spécialement formés. Les équipages de la flotte spatiale ont eu une formation spéciale qui leur a valu la prestigieuse distinction de "spécialiste des opérations spatiales 6206-P", qui est décernée après l'obtention du diplôme de la Naval Postgraduate School de Monterey en Californie (maîtrise ès sciences en systèmes spatiaux).
- Les officiers sélectionnés dans le cadre des missions spatiales ne doivent pas avoir de famille et ne figurent plus sur les listes officielles comme citoyens américains

(voir aussi à ce sujet le dossier Serpo dans *Ikaris* HS 6 où Anonyme expliquait dans son courrier comment avaient été sélectionnés les participants à l'échange avec les habitants de planète Serpo). Ces futurs cadres et officiers reçoivent une formation sur les opérations spatiales à la NASA et, après avoir obtenu leur diplôme et effectué un vol spatial, ils se voient décerner l'insigne d'astronaute aviateur de la Navy ou d'officier de vol naval. Les Marines d'autres pays membres fournissent également des officiers.

- La mission de sécurité spatiale de Solar Warden est triple : maintenir la paix dans l'espace proche de la Terre, assurer une avant-garde terrienne et empêcher tout pays de revendiquer la propriété ou l'utilisation exclusive de l'espace.

- La flotte spatiale opère secrètement sous l'autorité d'une résolution occulte accordée par le Conseil de sécurité de l'ONU. Cette instance américaine est hautement classifiée et le civil britannique Gary McKinnon (qui a piraté les ordinateurs de l'US Space Command) a été le premier à révéler l'existence "d'officiers non terrestres", de "transferts de flotte à flotte" et le nom de ce programme secret appelé Solar Warden. Puis il a été accusé par le ministère de la Justice de l'administration Bush d'avoir commis "le plus grand piratage informatique militaire de tous les temps".

- La flotte spatiale suit ses propres règles et ne se mêle pas des affaires humaines au sol ni dans l'atmosphère terrestre. Une confirmation supplémentaire de ce programme est fournie par l'audience du House Armed Services Committee du 22/07/2004 sur le Space Cadre Program and Space Professionals. » Michael E. Salla. ■

Si le vaisseau spatial triangulaire TR3-B Black Manta intègre une technologie antigravité complète, est-ce lui qui a été observé à Phoenix en mars 1997 ?

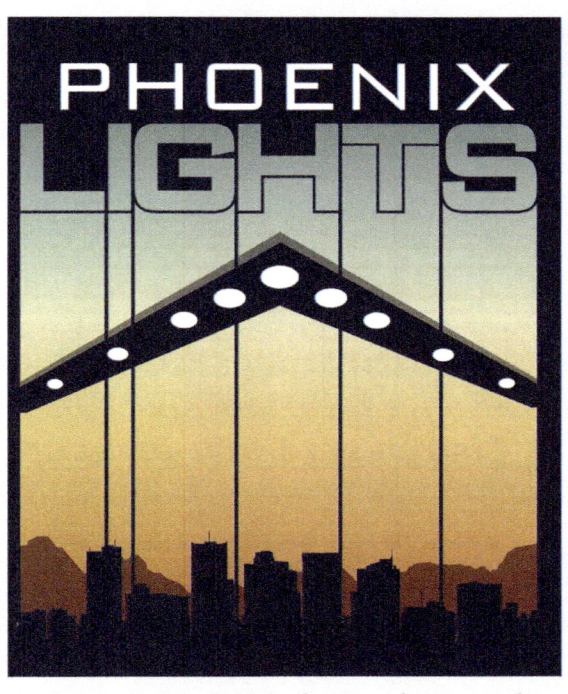

Le Nautilus serait un énorme vaisseau orbital d'environ 800 m de long sur 400 m de large. Il serait interdit à cet engin de l'alliance terrestre de faire la guerre, et son utilisation serait limitée à maintenir la présence humaine dans l'espace à l'aide d'un équipage d'astronautes multinationaux. Le vaisseau aurait besoin d'une autorisation préalable de la Star Nations pour visiter un autre système solaire...

UFOLOGIE

Troisième section

L'interview de Gary McKinnon

Le hacker des réseaux militaires américains a-t-il mis le doigt sur l'un des secrets les mieux gardés au monde ?

« Je travaillais à l'époque chez Admiral Insurance, dans leur service informatique. Un des responsables est entré dans mon bureau et il m'a demandé de venir jeter un œil à l'un de leurs systèmes informatiques. Je me suis levé et je suis parti avec lui. Quand je suis entré dans une pièce, il y avait là un homme en costume noir qui m'a dit : "Mathew Bevan ?" J'ai répondu "oui". Puis il a levé son insigne vers moi et il m'a dit : "Vous êtes en état d'arrestation pour piratage de la NASA et de divers systèmes informatiques de l'US Air Force. Je me tenais là abasourdi, et je me suis dit : "Oh mon Dieu !" »
Gary McKinnon

Gary McKinnon, également connu sous le nom de Solo, est né en 1966 à Glasgow. C'est un pirate informatique britannique accusé par les États-Unis d'avoir réussi le plus grand piratage informatique militaire de tous les temps.

IKARIS

Les réseaux informatiques américains qui ont été hackés par Gary McKinnon appartenaient à la NASA, à l'armée de terre, à la Marine, au ministère de la Défense, à l'armée de l'air et au Pentagone.

Mathew Bevan, alias Gary McKinnon, est un pirate informatique qui s'est intéressé très jeune aux ovnis et à la sécurité informatique. **En 1999, il a fait la une des journaux du monde entier, car il a été accusé de piratage informatique et d'accès non autorisé aux ordinateurs militaires les plus secrets de l'armée américaine.**
Comme l'a déclaré un porte-parole du Pentagone, Mathew Bevan a bel et bien réussi à s'introduire dans des réseaux d'une extrême importance pour la sécurité nationale des États-Unis. Certains ordinateurs auxquels il a accédé avaient même la capacité de lancer des missiles nucléaires n'importe où dans le monde ! Le mandat d'arrêt lancé contre lui par Interpol décrivait d'ailleurs le hacker comme : *« La plus grande menace pour la paix mondiale depuis Adolf Hitler »* ! Quelques jours après sa mise en garde à vue, il a été remis en liberté conditionnelle dans l'attente d'un procès. C'est à ce moment-là qu'il a été interviewé par le journaliste d'investigation Mathew Williams, qui lui a demandé comment il avait fait pour pénétrer des systèmes aussi protégés que ceux de la base aérienne de Wright Patterson. Le hacker a répondu à toutes ses questions en toute franchise, et il lui a même parlé des plans qu'il avait vus au sujet d'un système de propulsion basé sur l'antigravité.
Voilà qui nous intéresse au plus haut point ! Nous retranscrivons ci-dessous l'intégralité de cette interview :
- **Matthew Williams :** Bonjour Gary. Depuis combien d'années faites-vous de l'informatique ?
- **Gary McKinnon :** Depuis environ 16 ans. Au début, il y avait très peu de fournisseurs d'accès à Internet. Le seul en Angleterre était Demon et le numéro de téléphone le plus proche à composer pour accéder à Internet était à Bristol, il était donc possible de passer un appel téléphonique [piraté] aux États-Unis et d'utiliser un fournisseur gratuit sans se soucier de payer les factures.
- **MW :** Comment avez-vous piraté les appels téléphoniques, quelle est la procédure à suivre ?
- **GM :** Il fallait utiliser un petit programme sur un ordinateur *Amiga* qui avait quatre canaux de son capables de faire des « bips ». Vous deviez jouer de ces différentes tonalités, qui sont similaires à celles que vous jouez lorsque vous appuyez sur un numéro du clavier de votre téléphone. Lorsque des suites de tonalités spéciales étaient jouées, le réseau faisait un

133

UFOLOGIE

certain nombre de choses « spéciales ». Avec quelques tonalités de plus, vous pouviez réacheminer votre appel n'importe où dans le monde et sur n'importe quel réseau mal sécurisé.

- MW : Alors, vous êtes passé du piratage d'ordinateurs universitaires innocents au piratage d'ordinateurs militaires plus sécurisés ?

- GM : Il s'agissait au début d'arriver jusqu'à l'entrée du réseau militaire, puis il fallait encore obtenir les mots de passe cryptés via un programme de crackage de code. Une fois que vous aviez les premiers mots de passe, vous pouviez obtenir un niveau d'accès supérieur, et accéder aux fichiers et dossiers de personnes de plus en plus élevées dans la hiérarchie. Au bout d'un moment, vous pouviez même surveiller tout le système pour voir ce qui s'y passait tous les jours. De fil en aiguille, j'ai repéré ceux qui travaillaient sur des projets en lien avec l'armée. Le premier que j'ai piraté était un professeur d'université qui communiquait avec un site militaire. J'ai trouvé ça génial, mais ce n'était pas très intéressant et j'étais un peu déçu... mais ensuite je me suis pris au jeu.

J'en avais marre des petits systèmes informatiques et je voulais pirater quelque chose de plus gros. Ce qui est bien avec la nature humaine, c'est que les gens ont peur d'oublier leur mot de passe, alors ils ont tendance à mettre toujours le même pour accéder à plusieurs systèmes, et donc si vous aviez piraté leur compte sur un système relativement mal protégé, ce même mot de passe fonctionnait probablement aussi sur un autre système bien mieux sécurisé.

Au départ, il ne suffisait pas de rester assis devant son clavier et de taper des millions de mots de passe en espérant tomber sur le bon. Il existait des petits programmes très intelligents appelés « renifleurs » pour faire cela à votre place. Ils vous permettaient même de rentrer dans un système sans être détecté et sans que cela nuise ou ralentisse le serveur de connexion. Ils surveillaient les mots de passe des personnes qui se connectaient à l'ordinateur et ils vous les renvoyaient. C'est pour cela que je suis maintenant accusé et recherché. Je suis incriminé pour « modification et intrusion dans un système dans l'intention de nuire ». Mais ils ne savent pas depuis combien de temps j'étais sur leur réseau, et c'est tout l'intérêt d'un renifleur, car personne ne sait vraiment quand vous êtes entré.

- MW : Vous voulez dire qu'ils ne savent même pas ce que vous avez vu, trouvé et depuis combien de temps vous étiez sur leur réseau ?

- GM : Eh bien non ! Et une fois à l'intérieur, j'ai utilisé diverses techniques de piratage pour augmenter mon niveau d'accès jusqu'à obtenir celui d'administrateur système, de sorte que j'avais l'ensemble du système sous contrôle. Mais je n'ai commis aucun dégât, je me suis contenté d'observer

Gary McKinnon a déclaré à la police qu'il cherchait seulement à prouver l'existence de vaisseaux spatiaux inconnus. Il pense avoir découvert que les Américains avaient réussi à récupérer une technologie extraterrestre.

International
LA MARINE AMÉRICAINE ADMET AVOIR OBSERVÉ DES OVNIS

IKARIS

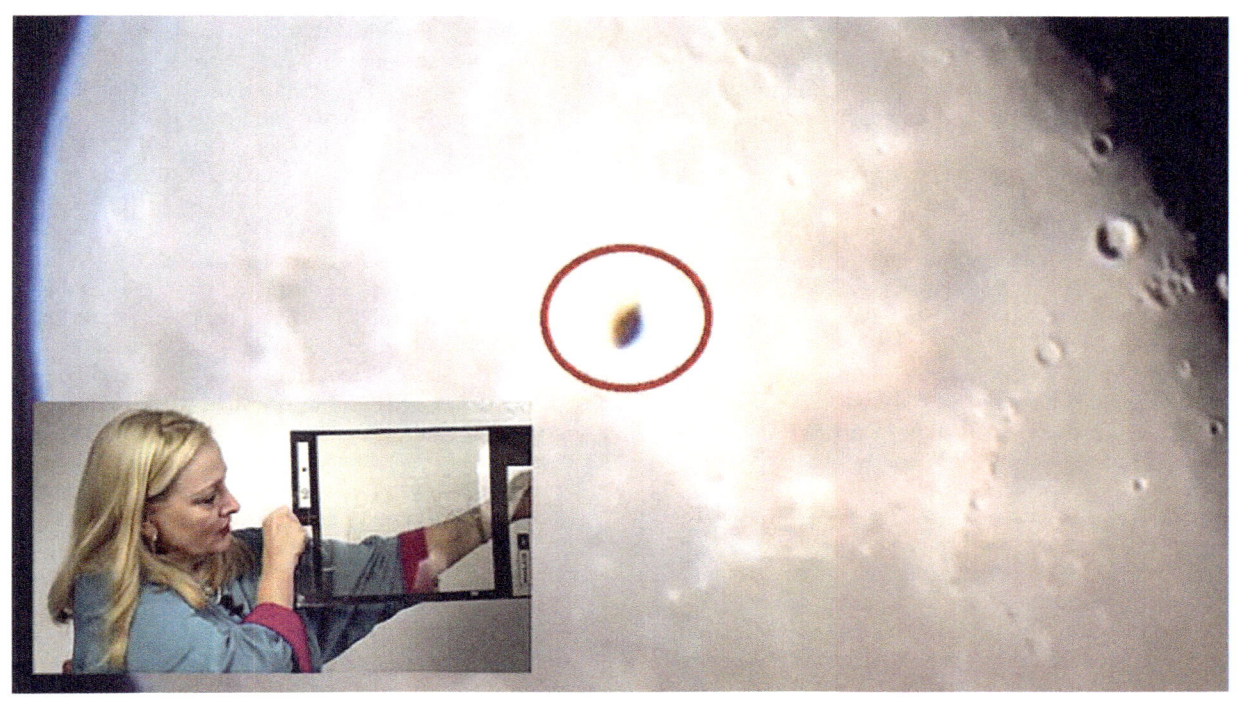

Gary McKinnon a lu sur le site du *Disclosure Project* qu'une employée de la NASA nommée Donna Hare avait déclaré que dans le bâtiment 8 du centre spatial Johnson de Houston, des personnes passaient leur temps à retoucher des images satellites à haute résolution afin d'en effacer les ovnis.

et je n'ai rien fait de mal, et ça ils en sont conscients, car ça ne fait pas partie de mon inculpation, où il n'a été formulé qu'une « intention de nuire ».
- **MW** : Vous vous êtes donc contenté d'observer, comme pourraient le faire les services secrets d'un pays qui voudrait espionner les États-Unis, et vous n'avez laissé aucune trace de votre passage ?
- **GM** : C'est ça. Vous êtes transparent, comme un fantôme qui se balade sur leur réseau et vous pouvez vous connecter où vous voulez avec les droits de l'administrateur du système. Vous pouvez surveiller les e-mails des gens et vous pouvez accéder à leurs dossiers cachés ou même cryptés. Vous pouvez regarder leurs travaux de recherche et de développement ou tous les articles qu'ils ont écrits.
De temps en temps, je trouvais des informations intéressantes, mais ce n'était pas toujours le cas. La plupart des choses que je voyais étaient assez ennuyeuses. Les navigateurs Internet venaient juste d'arriver et je n'en disposais pas, je devais ouvrir un à un les fichiers images en cliquant dessus et c'était très long... Il fallait aussi compter sur le temps de téléchargement des fichiers, qu'il fallait ensuite visualiser "hors ligne".
- **MW** : Alors, vous avez passé votre temps à fouiner au hasard dans différents systèmes informatiques sans savoir ce que vous pourriez y trouver ?
- **GM** : Oui, il y a d'abord eu le système FLEX. Cela signifie Force Level Execution, et c'est ce que le

Journal News of the World a repris dans son article. La raison pour laquelle je suis allé vers ce système, c'est parce qu'il était utilisé pour contrôler les missiles nucléaires. C'était dingue de voir tout ce que faisait ce programme, il était capable de simuler une guerre nucléaire coup par coup afin de découvrir et prédire ce qui arriverait après chaque frappe sur le territoire de l'adversaire, avec toutes les hypothétiques représailles à attendre en retour... Le système vous indiquait alors où frapper avec le prochain missile nucléaire, avec le meilleur ratio de destruction possible, etc.
En regardant sur l'ordinateur et à travers le "code source", j'ai même eu l'impression que le système avait un accès direct à de vrais missiles et que ce n'était pas qu'un programme de simulation.
Quel type de missiles étaient reliés à cette guerre virtuelle ? Je ne le sais pas. Le *News of the World* a affirmé qu'il s'agissait en fait de missiles de maintien de la paix, mais cette information ne vient pas de moi, je ne sais pas où ils ont obtenu cet éclaircissement et pourquoi ils l'ont communiqué.
La comparaison la plus simple que je puisse faire, c'est qu'il s'agissait d'un système très similaire à celui de *Skynet* dans le film *Terminator* (1984). Cela signifie que l'ordinateur qui mène la guerre nucléaire a accès à toutes les informations disponibles en temps réel et qu'il peut prendre tout seul des décisions « intelligentes » sur la manière de mener une bataille et de contrôler le tir des armes atomiques...

135

UFOLOGIE

Bien sûr, le système FLEX est secret et ils ne veulent pas que le public sache qu'en fait les armes nucléaires sont contrôlées uniquement par des ordinateurs et des programmes. On pourrait penser qu'il y aurait un autre système de sécurité intégré, mais, pour autant que je sache, ce n'était pas le cas !

- **MW** : C'est impressionnant ce que vous nous racontez là, c'est presque la science-fiction et le reste est encore pire d'après ce que vous m'avez dit tout à l'heure.
- **GM** : Oui. Et ce n'est qu'une petite partie de ce que j'ai découvert... et je suis maintenant accusé pour tout ça. Car il y avait d'autres systèmes similaires à la base aérienne de Wright Patterson et à White Sands Missile Testing Ground. Et dans d'autres endroits, j'en oublie maintenant certains, car j'en ai visité beaucoup.
J'ai même dû dire à la police que j'en avais tellement vu que je ne pouvais pas me souvenir de tous ces systèmes. Mes avocats m'ont conseillé de les laisser reconstituer mon parcours et en apporter les preuves au procès, ce qui devrait être presque impossible pour eux.
Ils ne voulaient pas que certaines informations soient diffusées sous quelque forme que ce soit, mais c'est trop tard maintenant. C'est pour ça qu'ils sont si énervés contre moi, je suis allé trop loin dans ce que j'ai révélé au public et ça les a mis en pétard.

Vous savez, après mon arrestation, j'ai commencé à recevoir des appels téléphoniques très étranges de personnes prétendant être dans l'armée, des appels venus de Corée ou de je ne sais où... On m'a dit des choses étranges et l'on m'a menacé de mort... J'ai dû déménager et être mis sous la protection de Scotland Yard. J'ai même vécu sous le nom de Monsieur Smith pendant un certain temps.

- **MW** : Quand vous avez été arrêté, que s'est-il passé ?
- **GM** : Quand ils sont arrivés à la maison, ils ont pris toutes mes vidéos et mes disquettes pour être certains que j'étais bien celui qu'ils cherchaient. Ils ont pris tout mon matériel informatique, ainsi que mon passeport.
- **MW** : Quelle était l'ambiance lors de votre audition ?
- **GM** : Il y en avait un très gentil, et un autre très méchant qui faisait des remarques sarcastiques en me criant dessus. Ils me posaient parfois des questions stupides, par exemple si j'étais végétarien... J'ai passé 36 heures en garde à vue, dont 28 dans une toute petite cellule. Je n'avais pas le droit de parler à ma femme ou à qui que ce soit d'autre. Cela faisait partie de leur tactique d'oppression.
- **MW** : Quel genre de questions spécifiques la police vous a-t-elle posées lors de l'entretien ?
- **GM** : Ils m'ont posé des questions sur le programme

Gary McKinnon pense que les États-Unis sont en train de créer un corps militaire spécial (évoluant dans l'espace) qui utilise de la technologie extraterrestre acquise d'une façon ou d'une autre... Une liste qu'il a découverte sur un serveur mentionnait des transferts de matériel de « vaisseau à vaisseau » ou de « flotte à flotte ».

IKARIS

> Les quatre premières recrues de l'US Space Force ont prêté serment le 20 octobre 2020 devant le général David D. Thompson, vice-chef des opérations spatiales.

En s'introduisant dans les systèmes de l'US Space Command, Gary McKinnon prétend avoir découvert une liste intitulée « agents non terrestres » (*non-terrestrial officers*), avec des noms et des grades. En tout, une vingtaine de personnes étaient nommées. Il ne croit pas que ces agents « non terrestres » soient des extraterrestres, mais ce serait plutôt la preuve que l'armée américaine dispose d'un bataillon secret déployé dans l'espace.

« renifleur » que j'avais installé sur les ordinateurs de la NASA, et ils voulaient savoir ce que j'avais appris sur les bases du Goddard Space Flight Center et de Wright Patterson. Ils m'ont ensuite accusé de collaboration avec un autre pirate informatique, mais j'ai bien vu qu'ils n'avaient pas de preuve là-dessus. Ils voulaient aussi m'accuser de charges lourdes, mais j'ai compris qu'ils avaient peur que mon cas soit trop médiatisé. La position des Américains devant le tribunal a donc été de dire qu'ils avaient dépensé un demi-million de dollars pour réparer leurs systèmes informatiques endommagés et que j'étais le responsable.
Mon avocat m'a défendu en disant qu'ils devaient avoir une sauvegarde du système avant et après ces prétendues destructions pour tout réparer, mais les Américains ont dit que je m'étais attaqué à des dossiers très sensibles... J'ai choisi de ne pas plaider coupable, car je n'ai jamais rien détruit dans ces systèmes et mon avocat m'a dit que c'était effectivement une défense valable et assez solide.

- MW : Quelle a été la dernière étape de l'affaire et comment avez-vous été acquitté ?
- GM : Le juge a surpris tout le monde en prononçant un verdict de non-culpabilité, ce qui équivaut à un acquittement immédiat et une remise en liberté.

- MW : Est-ce que cet acquittement a un lien avec le fait que vous avez dit au monde entier que vous aviez piraté des sites militaires pour obtenir des informations sur les ovnis et que vous en aviez trouvé ?
- GM : Oui, je crois que paradoxalement ça m'a sauvé la vie, et que si je n'avais pas dit tout ce que j'avais découvert là-dessus je ne serais peut-être plus là pour vous en parler. Dans un magazine de hackers appelé *Phrack*, ils avaient donné une liste de sites militaires que des hackers pouvaient essayer de visiter s'ils étaient intéressés par les ovnis et les engins secrets américains. Environ 40 de ces hackers se seraient penchés sur cette liste et aujourd'hui ils ont tous disparu... Impossible de savoir ce qu'ils sont devenus !

- MW : Un groupe de quarante personnes qui disparaît comme ça du jour au lendemain, vous êtes sûr ?
- GM : Oui, volatilisés... Moi aussi j'ai utilisé cette liste. Au début, c'était comme un jeu, juste pour jeter un coup d'œil. Et en ce qui me concerne, je n'étais pas traçable et je ne causais aucun mal à personne. Si je pouvais rentrer, c'était bien, sinon je n'allais pas bousiller leur système.

- MW : Vous avez eu accès à des fichiers intéressants sur les ovnis ? Lesquels ?

UFOLOGIE

Certains articles de presse ont fait allusion au fait que le hacker avait piraté des serveurs de la Zone 51, mais il serait plutôt question d'un endroit moins connu appelé Hangar 18.

- GM : J'ai obtenu mes principaux renseignements via le système informatique de la base aérienne de Wright Patterson. Au début, je cherchais des informations sur le crash de Roswell, et sur l'un des ordinateurs de cette base, le système était très mal sécurisé, alors ça n'a pas été trop difficile de pénétrer dans leur réseau.

Les données que j'ai trouvées à Wright Patterson étaient étranges, car contrairement à tous les autres systèmes sécurisés que j'avais piratés, on tombait sans arrêt sur des avertissements clairs et des messages d'alarme qui comportaient la mention « Eyes only » et tous ces trucs relatifs aux informations classifiées.

Leur système avait même une bannière qui clignotait en lettres rouges et qui mettait en garde en stipulant que rien de ce qui était consulté ici ne devait être stocké ailleurs. C'était impressionnant, et je ne savais pas si c'était sérieux ou si c'était une sorte de bluff pour rebuter les gens qui auraient pu arriver jusque-là.

Bien entendu, je suis entré, et j'ai lu des documents passionnants qui m'ont donné l'impression qu'ils avaient un moteur à antigravité capable d'atteindre au moins Mach 12. Il était question d'un avion qui utilisait une technologie très avancée, mais c'était très compliqué à comprendre, avec beaucoup de chiffres et de formules, et je n'avais aucune idée de ce que tout cela signifiait. Je me rappelle que les documents faisaient sans cesse référence à un élément super lourd qui était le combustible principal du réacteur.

D'après ce que j'ai compris, le moteur fonctionnait en perturbant les molécules à l'avant de l'engin dans l'objectif qu'il puisse compenser son inertie ou la force G à l'intérieur de la cabine. J'ai eu l'impression que cette information était le type de renseignement que je cherchais parce que ça ressemblait à une technologie très spéciale et qui pouvait avoir un rapport avec l'ovni de Roswell. Trouver cela m'a complètement retourné le cerveau, car je ne savais pas si j'étais victime d'un exercice de désinformation ou si c'était bien réel.

Dans les interrogatoires que j'ai eus après mon arrestation, l'officier DS Janes m'a demandé si j'avais trouvé des informations top secrètes et j'ai répondu que oui. Il m'a alors demandé lesquelles, et je lui ai dit que j'étais tombé sur ce qui m'a semblé être un système de propulsion à antigravité. Il m'a alors demandé si j'avais téléchargé les fichiers relatifs à ce projet et j'ai répondu que non, que je n'avais fait que lire les fichiers en ligne.

Comme je vous l'ai dit, je leur ai tout avoué, mais étrangement aucune accusation n'a été portée contre moi à ce sujet, ce qui est un peu inattendu, non ? Ensuite, l'officier chargé de l'interrogatoire m'a demandé si je savais ce que signifiait « Hangar 18 ». J'ai répondu : *« Eh bien, c'est peut-être un bâtiment où ils stockent des engins extraterrestres ou bien le nom d'un ordinateur ou d'un tableau d'affichage ? »* Il n'a pas répondu et c'est la seule fois où il a cité le nom de Hangar 18 !

Ce qui m'a surpris, c'est le fait qu'on m'ait parlé directement de ce Hangar 18, qui est presque inconnu des ufologues, au lieu de me poser des questions sur la Zone 51 et les alentours de Groom Lake.
Le fait est que je savais que je m'étais introduit dans les serveurs de la base aérienne de Wright Patterson, mais je ne savais pas, jusqu'à ce que je le lise récemment dans un magazine sur les ovnis, que le Hangar 18 était situé là-bas ! On m'en avait donc parlé avant même que je découvre qu'il existait…
Quand vous mettez tout ça bout à bout, ça paraît vraiment étrange. Le fait que j'aie piraté le réseau de base de Wright Patterson et trouvé les détails d'un moteur secret à antigravité, puis qu'un agent des services secrets me demande si je connaissais le Hangar 18 alors même que j'étais bien incapable de faire le lien entre les deux.

- **MW :** Est-ce que ce hangar pourrait avoir un lien avec celui évoqué par Bob Lazar ? Que pensez-vous de son histoire ?
- **GM :** Bob Lazar est crédible et ce que j'ai trouvé le confirme. Je ne le connais pas bien, mais si je me souviens bien, c'est un gars qui prétend avoir travaillé au complexe S4, proche de la Zone 51, et qui affirme avoir travaillé sur de la technologie « inverse » à partir d'ovnis récupérés après des crashs. Il a dit qu'il avait vu des soucoupes dans des hangars et c'est peut-être le n° 18. Je ne sais pas, mais il a eu des ennuis pour avoir dit tout ça…

- **MW :** Savez-vous quelque chose à propos des systèmes de propulsion qu'il a évoqués en rapport avec son travail sur les « réacteurs à éléments lourds » et l'élément 115 ?
- **GM :** Non, j'ai pris des cours de physique à l'école, mais j'étais très mauvais et j'ai été viré. Je n'y connais rien là-dedans…
- **MW :** Vous souvenez-vous de noms de personnes que vous auriez pu voir ? Y avait-il des dates sur l'une des lettres que vous avez vues concernant le système de propulsion ?
- **GM :** Non, en ce qui concerne les dates, toutes les informations étaient de 1994. S'il s'agissait d'un moteur totalement nouveau ou s'il s'agissait d'une nouvelle version, je ne peux pas le dire. Je sais que c'était un prototype fonctionnel en tout cas !
- **MW :** Pensez-vous avoir découvert un véritable secret sur les ovnis ?
- **GM :** Certaines des affirmations les plus folles peuvent être vraies, mais souvent vous ne pouvez pas être certain que l'on vous dit la vérité. Ce que je veux dire, c'est que ces gens qui vous disent être allés à bord d'un vaisseau spatial où ils ont vu des extraterrestres peuvent vous mener en bateau. Mais en même temps, qui sait, certaines de ces personnes peuvent vous dire une partie de la vérité, et je crois que j'en ai moi-même aperçu un morceau.

Bob Lazar dit avoir travaillé sur la technologie extraterrestre au laboratoire national de Los Alamos et sur le site S4 de la Zone 51. Pour lui, la génération directe et l'exploitation de l'antigravité ne seraient pas de la science-fiction.

UFOLOGIE

- **MW :** Craignez-vous d'être extradé aux États-Unis ?
- **GM :** Je ne suis pas tellement inquiet d'être jugé aux États-Unis, car je sais qu'ils n'ont pas envie de voir ces informations étalées sur la place publique.
Mais ce que je crains si l'on m'envoie là-bas, c'est qu'ils me mettent en prison et qu'ils m'y laissent y pourrir pendant des années en attendant un éventuel procès.
Nous étudions le droit international avec mon avocat, car la question se pose de savoir où le « crime » a été commis, dans ma maison au Royaume-Uni ou aux États-Unis sur leurs systèmes informatiques. Il s'agit d'un dilemme juridique important qui est sujet à caution.
Ils ont déjà emprisonné un pirate informatique appelé Kevin Minick qui est accusé d'un délit mineur et qui est en prison là-bas depuis déjà deux ans. Il n'a même pas encore reçu les motifs exacts de son inculpation !
- **MW :** Pourquoi avez-vous fait tout cela ? Êtes-vous anarchiste, extravagant, fouineur ou simplement curieux ?
- **GM :** J'éprouve un réel plaisir à explorer tous les systèmes informatiques et surtout les systèmes militaires, c'est comme un jeu pour moi, ça me donne des frissons quand j'y parviens, mais je ne m'attendais pas à ce que ça me pose autant de problèmes…
- **MW :** Merci beaucoup Gary.
- **GM :** Merci. Il appartient désormais aux chercheurs du monde entier, comme aux hackers, d'essayer d'en savoir plus, car pour moi, la partie est terminée… ■

Le 16 octobre 2012, la ministre de l'Intérieur britannique, Theresa May, a déclaré que McKinnon ne sera pas extradé pour raison de santé.

Les ingénieurs de Northrop Grumman ont-ils incorporé les principes de la physique quantique et de l'antigravité à bord d'engins afin de ne faire subir aucune contrainte d'accélération à l'équipage ? L'enjeu autour de la véracité du crash de Roswell prend toute son importance quand bon nombre de technologies sont aujourd'hui attribuées à la science extraterrestre…

Printed by Amazon Italia Logistica S.r.l.
Torrazza Piemonte (TO), Italy